外部融资依赖
对企业创新的影响研究

孙翠萍　著

中国农业出版社
北　京

本书是潍坊科技学院 2021 年度人文社科项目"家庭人口结构、资产配置对城乡居民旅游消费影响的差异性分析"（项目编号：2021RWBS10）；山东省哲学社会科学青年人才团队（项目编号：2023zkzd－035）阶段性成果。

前　言

FOREWORD

创新已然成为社会经济进步的新动能，而企业是我国创新活动开展的主体，创新是推动企业发展和保持长期竞争优势的动力。企业创新由于其固有的风险和信息不对称，往往会受到外部融资约束的阻碍。为了鼓励企业创新活动，政府倾向于向企业发放研发补贴来刺激企业创新。从企业内部来看，良好的公司治理也是促进企业创新的重要举措。其中，高管的薪酬激励可能影响高管的风险倾向，从而影响他们对研发投资的偏好。

不管是政府研发补贴还是高管薪酬激励，能够获取外部融资和提高创新效率是保证企业创新实施效果的关键，所以这些措施的效果都与企业的外部融资依赖密切相关。

各种研究表明，外部融资依赖（External Financial Dependence，EFD）对资本市场、国家产业政策和企业研发活动之间的关系具有调节作用。对于新兴经济体来说，尤其是中国，在资本市场尚不发达的情况下，外部融资依赖既反映了企业对外部融资的需求，也暗示了企业面临的融资约束。本书立足于我国资本市场和公司治理的现实状况，以政府研发补贴和高管激励对企业创新的影响为研究的主要内容，以外部融资依赖为独特视角，首次实证检验了 EFD 对政府研发补贴与企业创新、高管激励与企业创新之间关系的调节作用，试图丰富企业创新相关理论研究和实证研究的成果。

本研究以中国 A 股上市公司为研究样本，从国泰安数据库（CSMAR）、锐思数据库（RESSET）、中经统计网和国家统计局等收集了大量数据，形成了专业的、独特的数据集。在研究方法上，综合运用理论推导、统计学和计量经济学等多种方法［如面板数据回归、倾向性得分匹配（PSM）和固定效应估计（FE）等］，从外部融资依赖的角度考察了政府研发补贴和高管激励对企业研发的影响。此外，为了保证实证结果的可靠性，本研究在稳健性测试中采用工具变量（IV）方法、2SLS和分层回归方法，得出了一致的研究结论。

本研究通过引入外部融资依赖这个关键变量，为检验我国政府研发补贴对企业创新的效果提供了新的思路。首先，在检验政府研发补贴对创新的影响效果时，将政府研发补贴对创新的"资助效应"和"认证效应"分别予以关注，并在评价"认证效应"时突出了外部融资依赖的调节作用。其次，本研究突出了外部融资依赖在中国新兴经济体中的特殊性。之前诸多关于外部融资依赖的研究侧重于发达资本市场，而忽视了对新兴资本市场中企业外部融资依赖的研究，因此，本研究涉及的两项内容都填补了国内研究的空白。之前的大多数研究都集中在外部融资依赖对宏观政策或宏观金融市场对企业发展的影响上，而本研究从企业微观治理层面揭示了外部融资依赖对高管创新绩效的影响。

本书的研究结论主要有：①政府研发补贴可以提高企业创新投入和产出，并在更加依赖外部融资的行业中更大程度地促进了企业研发投入和创新数量（而非创新质量）。政府研发补贴对外部融资依赖度不同行业的企业发挥了不同的"资助"和"认证"作用。结果表明，外部融资依赖企业可以通过政府补贴的"认证机制"减少不完善资本市场中的信息不对称，从而减少创新融资约束。②高管货币性薪酬和股权激励对研发支出都有积极影响。外部融资依赖对高管货币性薪酬与研发支出的关系具有正向调节作用，对股权激励（数量）具有负向调节作用。结果表明，薪酬激励在外部融资依赖型行业的企业中更有效，股权激励在内部融资依赖型行业的企业中更具传导性。

本书是对我之前学术研究的一次总结，是我的处女作，从落笔到完稿，再到修改完善，历时一年有余，倾注了大量心血。但作为一名青年教师，在学术研究的道路上，我还是一名新手。在本书的撰写过程中，感谢潍坊科技学院费聿珉教授、马文军教授、梁姝娜教授等学术前辈给予的支持和帮助，感谢经济管理学院王平院长等领导的关怀与鼓励。本人作为潍坊科技学院新时代乡村振兴与区域经济发展研究院丁莹莹教授科研团队的一员，本书的成稿与修改得到了丁教授以及其他团队成员的诸多指导，因此，本书的完成也凝聚了我们团队的集体智慧。正是因为各位学术前辈、领导同事无微不至的关怀与帮助，才使我有了完成书稿的信心和动力，在此表示深深的感谢！

　　由于作者水平有限，书中不乏疏漏之处，还望学术前辈和各位读者不吝指正！

目　录

CONTENTS

第1章 绪 论

1.1 研究背景与研究目的

在经济发展新常态下，创新驱动成为拉动经济发展的新引擎，开展技术创新成为推动中国经济社会发展的必然选择。从国家层面来说，以技术创新和技术进步为核心的"创新驱动"战略连续写入党的十八大、十九大和二十大报告，已经上升到重要的国家发展战略。从宏观角度来看，企业创新是社会发展和经济进步的新动能，创新关系到一个国家的长远发展（Brown et al.，2010；Manso，2011）。当前，我国正大力提倡企业创新，在"大众创业、万众创新"的宏观背景下，创新受到企业、政府和社会等方面前所未有的重视。

创新不同于一般商品，其核心能力和关键技术不能依靠别国，必须是自力更生。在市场经济体制下，企业是创新的主体，且多数企业创新离不开外部资本的支持。而企业创新往往因其固有的内在风险和信息不对称等因素，会受到外部融资约束的阻碍（Hall，2002；Howell，2017）。Rajan和Zingales（1998）验证了外部融资依赖（EFD）作为行业的重要特征，可以成为金融发展影响经济增长的"通道"，在之后的多项研究中也表明行业外部融资依赖在资本市场和企业创新的关系上具有重要影响。这为我们探索产业政策、公司治理等对企业创新投融资活动的影响提供了新的视角。

我国作为新兴经济体，正在经历经济增长的转型，如何激发企业的创新动力，鼓励企业开展创新活动，成为政府面临的一个难题。为了鼓励企业创新，政府倾向于采取研发补贴来激励企业进行研发活动。政府研发补贴可以通过提供成本较低的外部资金以及减少企业与外部资本市场的信息不对称，从而发挥"挤入"效应来缓解企业创新融资困境。然而，政府补贴也可能将企业的自有资本从研发活动"挤出"到风险较低的投资领域（Busom，2000；Zhao et al.，2018）。从现有研究来看，这两种相悖的结论并存。考虑到政府研发补贴具有"资助"效应和"认证"效应（Howell，2017），而这两者都与企业对外部融资的需求有关。这意味着政府研发补贴对企业创新投资的影响应该与企业的外部融资依赖有关。本研究认为企业的外部融资依赖程度会影响企业对外部资金的利用效率，且与政府研发补贴能否发挥"认证效应"密切相关。因此，在研究政府研发补贴对企业创新的影响时，企业的融资依赖因素不可忽视。

先前的很多研究都认为，融资依赖具有行业特征，研究发现，行业外部融资依赖在资本市场、公共政策和企业研发活动的关系中发挥了调节作用（Hyytinen & Toivanen，2005；Acharya & Xu，2017；李晓龙等，2017）。而现有研究中，将政府研发补贴政策和行业外部融资依赖结合起来的还很少，特别是在新兴经济体中，这类研究更少。

对于新兴经济体国家来说，尤其是在中国，政府研发补贴的有效性对促进企业创新更为关键。此外，由于中国资本市场还很不完善，行业外部融资依赖既反映了企业对外部融资的需求，也同时反映了企业可能面临的融资约束（邱静和刘芳梅，2016）。Howell（2017）的研究发现，政府补贴可能通过"资助效应"或"认证效应"影响公司的研发投资。其中，"资助效应"是指政府通过研发补贴为企业提供直接的资金支持；而"认证效应"则表明政府研发补贴反映了政府对企业研发项目的认可，这可以向外部资本市场释放积极信号，减少企业和资本市场之间的信息不对称，为企业带来更多的后续融资。深入分析发现，这两种效应是否发挥效果，都取决于企业的外部融资依赖程度。对于需要外部资本的企业，通过政府研发补贴，向外部资本市场释放积极信号，使外部投资者能够对企业的创新活动做出积极评价，减少创新活动的外部信息不对称，帮助企业获得更多的外部投资。

从企业的角度来看，研发投资是保证企业发展和竞争优势的推动力（Cheng，2004；Brown et al.，2010；Biggerstaff et al.，2019）。但研发活动需要长期的资金支持，如果研发失败，还可能对企业产生相当大的危害（Scott & Braun，2009）。由于所有权和经营权分离是现代企业的基本特征，从而形成了委托代理关系。从信息经济学的角度来看，委托人没有内部信息或内部信息较少，而代理人拥有的内部信息较多。在这种情况下，可能会出现"逆向选择"和"道德风险"的问题（Khan 等，2017）。委托代理问题主要产生于委托人和代理人在追求自身效用最大化的过程中发生的冲突和矛盾。这种效用目标的分歧必然导致企业委托人和代理人在决策上的冲突，进而影响企业的战略投资和激励合同。

由于企业创新通常具有投资规模大、失败风险高以及短期内无法实现收益等特点，企业高管往往看重短期业绩而减少研发投入。这正如代理理论所示：由于所有权和经营权分离，公司高管们为了规避潜在的经营风险，可能会更强调短期财务绩效而减少研发投资（Kempf，2009；Lu & Wang，2018）。但从长远看，这与企业所有者的利益冲突，也不利于企业价值最大化。因此，企业所有者会通过制定合理的薪酬激励来提高高管的风险承担能力。高管激励是一种常用的公司治理手段，会影响公司高管的风险承担取向，进而影响他们对研发投资的偏好（Chen et al.，2017）。尽管与风险相关的冲突在代理理论中被普遍认可，但实证研究中其二者的关系还没有确定的结论（Gormley & Matsa，2016）。现有文献验证了高管激励对企业创新活动有两种相反的影响效果：一是提高高管激励将减少管理者和所有者之间的利益冲突，从而有利于创新投资（Aghion et al.，2013；Sheikh，2012）。二是更多的管理层持股等可能会降低管理层对股价风险的承受能力，进而减少创新支出，以减少创新失败对股价的冲击（Scott & Braun，2009；Faleye，2011）。

从理论分析来看，提高高管激励对企业研发活动可能存在正向影响。正如前文所说，因为企业创新具有长期性和高风险性，高管激励（高管薪酬和管理层持股）可以对管理层面临的短期和长期风险进行补偿，提高他们开展创新活动的积极性，激励企业高管进行长期性的研发投入。另外，高管激励，尤其是股权激励，也可能会抑制企业的创新活动。原因在于，较多的股权在手，会让管理层的财富对股价波动更加敏感，从而导致高管倾向于减少研发活动，以降低企业未来面临的风险。以上两种影响效果都在现有文献中得到了证实。

但研发投入不仅取决于公司高管的个人努力和风险偏好，更需要有充足的资金支撑（Ayyagari，2011）。通常来讲，内部资本始终不足以支持研发投资（Mann，2018），因此，外部资金的可得性对于研发活动至关重要（Wang & Thornhill，2010）。良好的公司治理可以赢得外部投资者的信任，对于外部融资依赖的企业来说，公司治理尤为重要。可见，外部融资依赖、公司治理和研发投资三者之间存在良性互动。通过制定合理的高管激励政策以促进企业创新作为公司治理的重要方面，受到了学界的广泛关注。但现有的研究并未从外部融资依赖的视角考察高管激励和企业创新之间的关系。

对于依赖外部融资的行业，当企业加大高管激励力度时，外部投资者会将此视为公司治理的积极信号。这种向外部投资者发出的信号将减少企业与外部资本市场之间的信息不对称，从而降低外部融资成本（Chen et al.，2010）。企业可以获得更广泛的资金来源来支持研发投资。同时，外部投资者的监管可以规范高管的投资行为，从而提高研发投资的效率。本研究综合考虑了高管投资风险承担、外部资金支持和外部监督等对企业创新的影响机制，从外部融资依赖的视角出发，意图在高管激励对创新投资的影响研究中提供新的见解。

本研究首次将外部融资依赖引入到政府研发补贴与企业创新、高管激励与企业创新关系的研究框架中来，尝试检验外部融资依赖对政府研发补贴、高管激励与企业创新之间关系的作用和影响机制，以期丰富外部融资依赖与企业创新投融资等领域的研究，所得研究结论还可以为国家制定创新激励政策、企业制定高管激励政策以促进企业创新提供参考。

1.2 研究内容

本研究首先对相关的理论基础进行了回顾总结，对有关参考文献进行了综述评析，这为后面的实证研究奠定了理论基础。其次，本书对外部融资依赖的研究发展进行了脉络梳理以及分析外部融资依赖与创新的关系，并从现实出发，描述了中国目前各行业外部融资依赖的现状。最后，本书开展了两个方面的实证研究：一是考察了政府研发补贴对企业创新的影响效果以及外部融资依赖对企业创新的作用机制。本书基于 Rajan、

Zingales（1998）以及 Acharya 和 Xu（2017）的研究模型，利用 2008—2017 年中国 A 股上市公司的财务数据，以及企业研发支出、专利申请量和发明专利占比等数据构建面板数据，进行回归分析。二是考察了包括高管薪酬和管理层股权激励在内的高管激励对外部融资依赖行业和内部融资依赖行业企业研发支出的影响。

　　本研究的具体框架如图 1-1 所示。

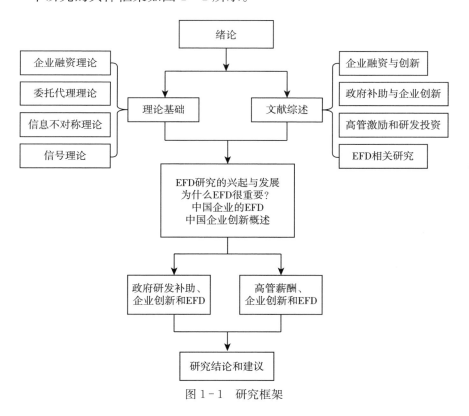

图 1-1　研究框架

　　第一章绪论。本章阐述了研究背景和研究目的，介绍了本研究的主要内容、所采用的研究方法、主要贡献和研究结论。

　　第二章理论基础。本章介绍了与研究相关的基本理论，包括公司融资理论、委托代理理论、信息不对称理论和信号理论，为后续研究奠定了坚实的理论基础。

　　第三章文献综述。主要介绍四个方面的文献综述与梳理。一是企业融资与创新，二是政府补贴与企业创新，三是高管激励（包括高管薪酬和股权激励）和企业创新，四是外部融资依赖对资本市场和宏观政策的调节作用。

第四章外部融资依赖研究进展。本章阐明了外部融资依赖作为联通资本市场和企业的通道，其潜在的重要性和在中国发展的特点。

第五章中国企业创新现状。本章从研发投入、专利数量、专利质量以及创新资金来源等方面展示了我国企业创新的现状和问题，重点分析了中国制造业创新的概况。

第六章外部融资依赖、政府研发补贴与企业创新。本章立足中国，从外融资依赖的角度考察政府研发补贴对企业创新的影响。利用 2008—2017 年中国 A 股上市公司的财务数据，对 R&D 支出、专利申请量和发明专利占比等创新衡量指标进行面板数据回归分析。为了具体了解政府补贴的作用机制，根据行业外部融资依赖度指标将全样本分为 4 组，进行分组回归。然后，运用工具变量（IV）法和固定效应模型进行了稳健性检验。

第七章外部融资依赖、高管激励与研发投资。本章应用基于面板数据的固定效应模型来研究外部融资依赖如何作用于高管激励以及对研发活动的影响。为了降低内生性问题，在回归之前采用 PSM 方法来构造匹配样本，然后对匹配样本进行回归分析，以期得到更可靠的研究结果。

第八章结论与建议。本章主要是陈述结论并提出了相关的政策建议。

1.3　研究方法

1.3.1　文献研究方法

本研究收集整理了关于外部融资依赖、政府研发补贴与企业创新、公司治理与创新等方面的相关文献。按照"企业融资与创新""政府研发补贴与企业创新""高管激励与研发投入""外部融资依赖对资本市场与政策的调节作用"等方面进行了文献综述，掌握了相关研究的发展动态和未来研究方向，为开展研究奠定理论基础。

1.3.2　实证研究方法

本研究以 2008—2017 年中国 A 股市场上市公司数据为基础，综合运用描述性统计、相关分析、面板数据回归、倾向得分匹配（PSM）和固定效应估计等统计和计量经济学方法进行实证研究。此外，在稳健性检验中还采用了工具变量（IV）方法、2SLS 方法和分层回归方法。

本研究首先利用中国 A 股上市公司 2008—2017 年的财务数据，基于 Rajan & Zingales（1998）和 Acharya & Xu（2017）的模型，对 R&D 支出进行混合 OLS 估计，对专利申请量应用负二项式回归，对发明专利占比采用 Tobit 模型估计。其次，为了更具体地了解政府补贴的作用机制，本研究根据行业外部融资依赖程度将全样本分为 4 组进行回归。构建了一个与获得政府研发补贴相关的工具变量，使用该工具，利用 2SLS 方法解决可能的内生性问题，验证结果的稳健性。

为了减轻可能存在的选择性偏差问题，本研究采用倾向得分匹配（PSM）方法来确定薪酬和股权激励对研发支出的处理效应。构建 Size-ROA-Ownership 匹配的样本，形成高激励组（处理组）和低激励组（控制组）两个匹配样本组。然后，利用匹配样本分别对外部融资依赖行业和内部融资依赖行业进行了固定效应模型估计。

1.4　研究的创新之处

本书丰富了有关外部融资依赖的研究成果。之前外部融资依赖的相关研究主要集中在发达资本市场，例如美国和欧洲（Rajan & Zingales，1998；Claessens & Laeven，2005；Hsu et al.，2014）。该研究突出了 EFD 在中国新兴经济体中的特殊性，其在创新活动中扮演的角色以及发挥的作用肯定不同于发达经济体。

该研究的贡献主要体现在以下四个方面。第一，将政府补贴对创新的"资助效应"和"认证效应"进行区分，进行分别的估计，并在评估"认证效应"时突出了外部融资依赖的调节作用。以往的研究主要集中在政府补贴的资金效应或总效应上（Hussinger，2008；Czarnitzki & Lopes-Bento，

2014)，但没有区分这两种影响机制。而本研究创新性地将外部融资依赖引入分析框架，为检验政府研发补贴的"认证效应"提供了一种新思路和新方法。研究结果表明，政府研发补贴通过减少外部融资依赖行业中企业的信息不对称发挥认证作用。

第二，根据分组回归分析，政府研发补贴对不同外部融资依赖度水平的行业企业 R&D 投资的促进作用机制具有明显差异。对于外部融资依赖度高的行业中的企业，认证机制在影响创新方面发挥着一贯的积极作用。然而，政府补贴的资助效应在过度依赖外部融资行业中，对企业研发投资表现为挤出效应。该结论在当前文献中也是非常新的。

第三，丰富了关于外部融资依赖和高管激励的研究。由于 Rajan 和 Zingales（1998）将外部融资依赖作为金融市场发展影响经济的"通道"引入，以往的研究大多集中在其宏观影响，如产业和区域，而较少涉及其对公司治理的影响。本研究将外部融资依赖引入公司治理分析框中，有助于发掘外部融资依赖在高管薪酬对创新投资影响机制方面的新理解，即外部融资依赖对高管激励影响研发投入具有调节作用。从目前掌握的文献来看，将高管激励与外部融资依赖相结合的研究还很少，因此，本研究揭示了外部融资依赖作为调节因素影响高管激励对创新投资的效果，为该领域研究提供了新的研究内容、方法和结论。

第四，应用 PSM 方法来减少样本自选择偏差。公司的高管激励决策可能是受其他特征因素驱动的内生选择。为了克服这种自我选择偏差，本研究根据企业规模、盈利能力和产权进行样本匹配，研究高管激励和外部融资依赖对研发投资的影响。此外，本研究为政府研发补贴构建了一个新的工具变量，即行业层面自有资金占固定资产投资的比重。在中国，考虑到资源配置效率和政府支持效果，政府更愿意对发展良好的行业进行补贴（Li&Zheng，2016），所以，自有资金占固定资产投资的比重越高，证明行业的内生发展动力越足，就越能获得政府的研发补贴。因此，本研究构造的工具变量是外生的，且与获得政府补贴密切相关。使用该工具变量，运用 2SLS 的估计方法以解决可能的内生性问题，保证了研究结论的稳健性。

1.5　本章小结

　　本章节主要阐述了企业创新和创新融资的现实背景，结合国家和企业推出的促进创新的相关措施，在外部融资依赖的新视角下，提出了本书的主要研究问题，即将外部融资依赖引入到政府研发补贴与企业创新、高管激励与企业创新关系的研究框架中，检验外部融资依赖对企业创新的影响。明确研究问题后，阐述了本书的章节内容安排和技术路线，以及研究方法，从四个方面介绍了本研究的创新之处。

第 2 章   基础理论

2.1   企业创新融资理论

资本结构选择会影响公司的净资产收益率及其经营风险和财务风险。出于多种原因，不同行业的资本结构会有很大差异。例如，制药公司的资本结构通常与航空公司截然不同。此外，特定行业内的公司之间的资本结构也各不相同。哪些因素可以解释这些差异？资本结构又是如何影响企业的创新投资行为？企业创新融资理论是在传统的企业资本结构理论基础上发展起来的，其中四种理论最具代表性，它们分别是 MM 理论、融资优序理论、代理理论和生命周期理论。

2.1.1   MM 理论

现代资本结构理论始于 1958 年，当时 Franco Modigliani 和 Merton Miller 教授（以下简称"MM"）发表了被称为有史以来最具影响力的文章，提出 MM 理论。MM 理论又称资本结构定理，奠定了现代企业融资理论的基础。该理论认为在资本市场完善，没有交易成本，且不考虑企业所得税的情况下，企业市场价值与企业资本结构无关，即不存在最佳资本结构的问题。MM 的研究基于一些强有力的假设，其中包括：①没有经纪费用；②没有税收；③没有破产费用；④投资者可以拥有与公司一样的借款利率；⑤所有投资者都拥有与管理层相同的关于公司未来投资机会的信息；⑥息税前利润（EBIT）不受债务使用的影响。

尽管他们的一些假设显然不切实际，但 MM 理论的无关性结果非常重要。通过指出资本结构与企业价值不相关的条件，MM 理论还为我们提供了关于资本结构在什么情况下与企业价值相关，并进而影响公司价值的线索。MM 的工作标志着现代资本结构研究的开始，随后的研究集中在放宽 MM 假设以发展更现实的资本结构理论。

Franco Modigliani 和 Merton Miller 的思考过程与他们的结论一样重要。现在看起来很简单，但他们认为具有相同现金流的两个投资组合也必须具有相同价值的想法改变了整个金融世界，因为它导致了期权和衍生品的发展。Franco Modigliani 和 Merton Miller 因其工作当之无愧地获得了诺贝尔经济学奖。

由于原始理论的无所得税假设与现实相差甚远，后期 Modigliani 和 Miller 对模型进行了修正，提出了修正的 MM 理论（考虑企业所得税）。1963 年，Modigliani 和 Miller 发表了一篇后续论文，他们放宽了没有公司税的假设。税法允许公司将利息支付作为费用扣除，但向股东支付的股息不能扣除。两种支出的税收差别鼓励公司在其资本结构中尽可能使用债务融资。这意味着利息支付减少了公司支付的税款，如果公司向政府支付的费用较少，则其投资者可以获得更多的现金流。换句话说，利息支付的税收减免保护了公司的税前收入。修正的 MM 模型说明在考虑公司所得税的情况下，为负债支付的利息是可以在税前扣除的，即免征所得税，所以能够降低企业综合的资本成本，增加企业的价值。正如在他们早期的论文中，MM 介绍了看待资本结构影响的第二种重要方法：杠杆公司的价值是其他方面相同的无杠杆公司的价值加上其他"side effect"的价值。虽然其他人通过考虑其他附加值来扩展这个想法，但 MM 专注于"税盾"带来的附加值：在他们的假设下，"税盾"的现值等于公司税率 T 乘以债务金额。以大约 40% 的税率计算，这意味着每一美元的债务为公司增加了大约 40 美分的价值，由此得出的结论是，最佳资本结构实际上是100% 的债务融资。MM 理论还表明，股权成本会随着杠杆率的增加而增加，但它的增长速度不会像没有税收的情况下那么快。因此，在具有公司所得税的 MM 理论下，加权平均资本成本（WACC）随着债务的增加而呈现下降趋势。

因此，公司只要通过不断增加财务杠杆效益，就能不断降低其综合资本成本，负债越多，这种杠杆作用就越明显，公司价值就会越大。当债务资本在资本结构中接近于 100% 时，资本结构达到最佳，此时企业价值达到最大化。

2.1.2　融资优序理论

MM 假设投资者与其管理者拥有关于公司前景的相同信息——这称为对称信息。然而，事实上，管理者往往比外部投资者拥有更多的信息——这称为信息不对称。在传统的资本结构理论中，融资优序理论和代理理论都考虑了由于信息不对称而导致融资过程中产生代理成本。基于代理成本的考量，融资优序理论放宽了 MM 理论关于完全对称信息的基本假设，以不对称信息理论为基础，并考虑融资过程中可能存在的交易成本。该理论认为权益融资会向资本市场传递企业经营的负面信息，而且企业进行外部融资要发生各种成本支出，比内部融资的成本更高，因而企业在进行融资时，一般会按照先是内源融资、再是债务融资、最后才是权益融资这样的先后顺序来进行，所以称之为融资优序理论。融资优序理论认为欲进行外部融资的公司与拥有资金的外部投资者之间存在严重的信息不对称，进而会使融资产生代理成本。因此，企业在进行融资决策时，内源融资是排在首位的，其次才是外源融资。还需注意的是，债务融资是外部融资方式的优先选择，股权融资次之（Myers & Majluff，1984）。内生融资主要来自企业内部自然形成的现金流，即净利润加折旧减分红。由于内生融资不需要与投资者签订合同，也不需要支付各种费用，所以是融资限制少、融资成本低的首选融资方式；其次是低风险债券，低风险低收益，信息不对称的成本可以被忽略；再就是发行高风险债券，还可以发行优先股（兼具债权和股权性质）进行融资，而发行普通股进行股权融资是企业在别无其他选择的不得已的情况下才做出的决策。简单来说，上市成本和信息不对称的存在可能会导致公司按照优先顺序筹集资金。在这种情况下，公司首先通过将其净收入再投资并出售其短期有价证券来筹集资金。当内部资金供应用尽时，公司将发行债券，或优先股。只有作为最后的手段，公司才会发行普通股。

2.1.3　代理成本理论

Jensen 和 Meckling（1976）认为不同资本结构下的代理成本是不同的。资本结构的选择是为了尽量减少代理成本。这就是代理成本理论，也称 J-M 模型。J-M 模型区分了两种类型的利益冲突：第一种冲突的出现是因为经理没有公司 100% 的剩余索取权。为方便起见，θ 用于表示经理持有的剩余索取权的百分比，$0 \leq \theta \leq 1$。当经理增加他的努力时，他承担了全部努力的成本，但只得到了所创造收入的一部分。另一方面，当他增加在职消费时，他享受了所有的好处，但只承担了一部分成本。因此，随着 θ 的减少，他对懒惰和自利的热情不断增加。在管理人对企业的绝对投资不变的情况下，提高债务融资在投资中的比重，会提高管理人的股权比例，从而降低代理成本。Jensen 在 1986 年指出，由于债务需要企业以现金支付，这将减少管理人员可用的"自由现金"。另外一个重要的方面就是利用债务融资来约束管理者。如果管理者和股东有不同的目标，就会出现代理问题。当公司的经理们手头有太多现金时，这种冲突尤其容易发生。经理们经常使用多余的现金来进行享乐项目或获得更好的办公室、公务机票和体育场馆的"包厢"等额外福利——这些都与最大化股票价值没有太大关系。更糟糕的是，经理们可能会为收购付出太多代价，这可能会让股东损失惨重。相比之下，手中掌握有限的"超额现金流"的管理者不太可能进行浪费性支出。公司可以通过多种方式减少多余的现金流。一种方法是通过更高的股息或股票回购将其中的一部分回馈给股东；另一种选择是将资本结构转向更多的债务，希望更高的偿债要求将迫使管理者更加自律。如前所述，高额债务支付迫使管理者通过消除不必要的支出来节省现金。当然，增加债务和减少可用现金流有其不利之处：它增加了破产的风险。前任美联储主席本·伯南克（Ben Bernanke）认为，在公司的资本结构中增加债务就像将匕首插入汽车的方向盘。匕首——指向你的腹部——促使你更加小心驾驶，但如果有人撞到你，你可能会被刺伤——即使你很小心。这个类比适用于以下意义上的公司：更高的债务迫使经理对股东的钱更加谨慎，但即使是经营良好的公司也可能面临破产（被刺伤），如果发生了一些他们无法控制的事件，如遭遇战争、地震、罢工或经济衰退等。

还有一种考虑就是，过多的债务可能会过度约束管理者。经理人的大部分个人财富和声誉都与一家公司挂钩，因此经理人的多元化程度并不高。当面临一个有风险的正净现值项目时，经理可能会认为不值得承担风险，即使投资风险分散良好的股东会认为风险是可以接受的。如前所述，这是一个投资不足的问题。公司的债务越多，财务困境的可能性就越大，因此经理们放弃风险项目的可能性就越大，即使这些项目预计的净现值（NPV）为正。

当经理的持股增加时，他的剩余索取权增加。因此，管理者更倾向于进行风险投资项目，更倾向于进行债务融资。但是，在利用债务融资进行投资的情况下，如果投资项目产生高收益，扣除债务利息之后的收益将归股东所有，债权人仍然只享受定额的利息收益，而当投资失败时，债权人将承担有限责任的后果。因此，随着负债率上升，股东会倾向选择投资风险更大的项目。这种效应被称为"资产替代效应"。由于理性的债权人会正确预测股东的"资产替代行为"，债务融资的增加将导致债务融资成本的增加，债务融资中产生的代理成本将由股东承担。

作为公司治理中重要的激励和约束机制，高管薪酬契约是委托代理契约的核心。它被认为是解决代理问题、缓解代理矛盾和冲突的最佳途径和重要手段。因此，薪酬激励机制的合理设计对管理者的投资决策和资本结构的选择具有至关重要的影响。

2.1.4 生命周期理论

企业发展存在四个生命周期，分别是发展初期、成长期、成熟期和衰退期。这四个阶段反映了企业发展与成长的动态轨迹。处于不同生命周期阶段的企业具有不同的经营目标和发展战略，这就需要不同的融资方案与之相适应。将企业生命周期理论与融资策略相结合，就有了企业融资的生命周期理论。企业融资的生命周期理论是指，企业的发展存在生命周期，因为所处的生命周期阶段不同，所具有融资策略和融资环境也不相同，因此对融资渠道的选择在各个发展阶段就会不同。

这个问题的核心是成长型公司在成长的不同阶段需要的融资类型、与融资结构相关的私募股权和债务融资合同的本质，以及这些替代性融资来源之间的联系和可替代性。企业在创立初期，投资支出大，且市场还处于开发阶段，企业盈利较少，内部现金流不足，对于融资渠道的选择，更多地使用外部融资或风险投资。随着企业逐步发展，进入成长期，市场扩张迅速，投资活动较多，盈利增多，则可以通过内部融资、风险投资等权益融资和银行贷款等债务融资来补充企业资金需要。当企业持续增长，慢慢进入成熟期，业务稳定，盈利产生内部现金流，也可以通过债务市场进行融资。

小企业融资的微观基础和宏观经济影响也越来越受到关注。例如，20世纪 90 年代初美国"信贷紧缩"的影响，以及银行业整合对小企业信贷可得性的影响，也是过去几年来研究的主题。同样，货币政策的"信贷渠道"——货币政策冲击可能对小企业融资产生不成比例的巨大影响的机制——也引发了大量分析和辩论。小微企业追求的目标是多元的，需要在财富积累和控制权稀释之间进行取舍，也要在企业稳定发展和快速增长之间进行抉择，这样的决策考虑会影响小微企业对融资渠道的选择（Berger & Udell，1998）。

私人股本和债务市场为小企业提供高度结构化、复杂的合同，而小企业往往信息极不透明，这与公开的股票和债券市场形成了鲜明对比，后者根据合同为信息相对透明的大型企业提供资金，合同通常相对笼统。金融中介机构作为信息生产者在私人市场中发挥着关键作用，它们可以评估小企业的质量，并通过筛选、签订合同和监测等活动解决信息问题。在初始阶段，中介机构使用能够反映小型企业初始质量的信息来设置合同条款（如价格、所有权比例、抵押品、限制性契约、期限等）。根据企业的财务特点、企业的前景和相关的信息来选择合同设计和偿付结构。资产大多为无形资产的高风险高成长型企业往往通过外部股本获得融资，而资产大多为有形资产的相对低风险低成长型企业往往通过债务获得融资。

小企业可能被认为具有一个融资增长周期，其中融资需求和融资方式选择随着企业的成长而变化，随着企业获得更多的融资经验，企业的财务信息变得更不透明。与大公司不同，小公司通常由内部人士提供大量资金——企业家、创业团队的其他成员、家人和朋友。此外，小企业通常在私人股本和债务市场获得外部资金，而不是公开市场。同时，信息不透明的程度是驱动融资生命周期的一个关键特征，它将小企业融资与大型企业融资区分开来。绝大多数小型企业是所有者管理的，这缓解了所有者和管理者之间的代理冲突，而这些代理冲突会影响大公司的资本结构选择。该理论通过美国小企业四种不同的股权来源和九种不同的债务来源融资的现状，展示了资本结构如何随着企业规模和年龄的变化而变化的规律。根据企业的成长阶段以及对应的融资特点，将生命周期融资理论用图2-1表示。

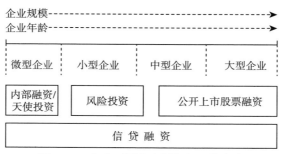

图2-1　企业不同生命周期的融资方式

以上分析可以看出，由于企业面临的内部融资和外部融资的环境、难易程度、融资成本等不同，造成了企业融资的渠道和方式不同，企业的融资方式会影响企业的资本结构，而资本结构会进一步影响企业的经济效果。企业融资可以从两个方面影响企业创新：①是否有足够的资本能够支撑创新活动；②是否能形成合理的资本结构来推动创新。根据创新融资理论，企业的资本结构或融资行为一定要与企业创新战略相匹配，才能发挥资本对创新的促进作用。企业融资与创新的关系可以概括如图2-2所示。

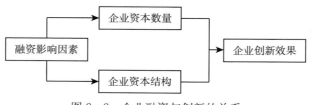

图2-2　企业融资与创新的关系

2.2　委托代理理论与公司治理理论

所有权与经营权分离是现代企业的基本特征，即企业的所有者将企业的经营权委托给企业管理者，从而形成了委托代理关系。委托人是指企业的所有者，代理人是指企业的管理者。委托人与代理人之间存在博弈关系，从信息经济学的角度来看，委托人没有内部信息或掌握的内部信息较少，代理人拥有较多的内部信息。在这种情况下，可能会出现"逆向选择"和"道德风险"的问题。

委托代理问题主要产生于委托人和代理人在追求自身效用最大化的过程中发生的冲突和矛盾。首先，双方的效用目标不同。股东作为委托人，拥有公司的剩余索取权。他们创业的目的是增加财富，他们的效用目标是股东的财富最大化。代理人，即企业管理者，他们的目标是多元化的。他们除了追求个人财富增加和工作保障外，还包括个人经营成就和职业声誉等。这种效用目标的分歧必然导致企业委托人与代理人在决策上的冲突，从而影响企业的信息披露行为和管理者的激励契约。第二，委托人和代理人的责任不对等。委托人最重视公司的盈亏和长远发展，而代理人只对公司的经营负责。公司倒闭对代理人的影响远小于委托人，这将会削弱委托人对代理人的限制，增加委托人的风险。第三，委托人和代理人之间的信息不对称会导致逆向选择和道德风险问题。

委托代理理论要解决的核心问题是降低代理成本，实现公司价值最大化。因此，委托人必须设计必要的、合理的、科学的内部控制机制和外部监督机制，从而约束管理者的行为，实现企业价值最大化。这就是公司治理。公司治理成功实施可以产生这样的影响：制定规则以影响高管和其他经理人以最大化公司内在价值的方式行事。公司治理可以定义为影响公司运营的一系列法律、规则和程序以及管理者做出的决定（Stuart L. G.，2006）。如果我们进行简单的总结，可以将大多数公司治理条款归结为以下两种形式："大棒"和"胡萝卜"。"大棒"意味着惩罚，其首要问题是经理人有被撤职的威胁，这要么是董事会的决定，要么是敌意收购导致的结果。如果一家公司的经理正在最大限度地发挥委托给他们的资源的价值，为最大化公司价值而努力，那他们就不必担心失去工作。如果管理者不是为了实现公司价值最大化，那他们就可能被自己的董事会、持不同政见的股东或其他寻求通过建立更好的管理层来获利的公司将自己踢出管理团队。"胡萝卜"是管理者的薪酬。如果他们的薪酬不仅仅是固定的薪水的形式，而是与公司业绩挂钩，那经理人就有更大的动机来最大化公司的价值。美国哈佛大学奥德雷教授通过实证分析得出结论，当经理人拥有公司 5％～20％比例的股权时，公司的盈利能力最强。奥德雷教授认为过低的持股比重对经理人激励不足，而过高的持股比例会分割股东的利益，以及削弱股东对经理人员监督任免的控制权。

当然，对于公司治理的定义因人而异，Ross 等（2005）建立了一个简化的公司资产负债表与公司治理相结合的模型（图 2-3），抓住了这种关系的本质。该图的左侧包含内部治理的基本内容。管理层作为股东的代理人，决定投资哪些资产，以及如何为这些投资获取融资。董事会位于内部控制系统的顶端，负责向管理层提供建议和监督，并负责聘用、解雇和激励高级管理团队（Jensen，1993）。图的右侧介绍了因公司需要筹集资金而产生的外部治理要素。此外，它强调在上市公司中，资本提供者和管理资本的人之间存在分离。这种分离创造了公司治理结构，资本提供者使用公司治理来确保他们将获得投资回报。该图还反映了股东与董事会之间的联系。

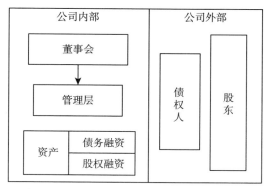

图 2-3　公司治理和公司的资产负债表模型

几乎所有的公司治理条款都会通过影响免职或薪酬来监督经理人。由于监管难度大，当委托人和代理人的利益发生冲突时，如何设计合理的激励契约来鼓励理性的代理人，使之按照委托人的利益最大化行事，这也是委托代理理论在公司治理中应用的一个重要方面（Scott，1997）。由于委托人可用的手段主要是委托合同的设计，所以这个问题也被称为"激励机制设计"。此外，代理合同的核心条款主要是薪酬、奖金或股权等薪酬制度的内容。因此，委托—代理关系往往就是薪酬制度选择的博弈。

委托—代理理论是公司治理领域的重要理论，也是制定高管薪酬合同的重要理论基础。高管薪酬合同作为一种有效的公司治理手段，可以在一定程度上降低代理成本。一份合理、适当的高管薪酬合同可以约束和影响高管的行为，能够限制代理人的寻租行为，使代理人按照股东的利益最大化做出决策，缓解委托人与代理人之间的利益冲突，从而在一定程度上解决委托代理问题。一般来说，经理人薪酬的主要构成分为三种形式，即基本的工资、额外的绩效奖金和长期激励薪酬。工资数额一般是固定的，这与高管的经营业绩无关；奖金是基于年度业绩而获得的额外奖励，高管必须达到一定的业绩目标才能获得；长期激励薪酬，包括给予经理人股票、股票期权或限制性股票等，这些长期激励通常具有时间限制或条件限制，短期内不能交易，通常需要几年时间才能获得股权收益。可见，长期激励薪酬的本质是递延的，可以起到锁定管理者的作用，让经理人的利益建立在企业长远利益的基础上，这样才有动机为企业的长远利益而努力。

管理者的努力大致可以分为两类：提高短期业绩的努力和提高长期效益的努力。年金形式的货币补偿只能有效激励管理者做出短期努力；股权或股票期权等长期激励性薪酬可以激励管理者为公司的长期利益而工作。董事会选择的薪酬政策可以在协调所有者和管理者的利益方面发挥重要作用。事实上，在 20 世纪 90 年代，学者和从业者都主张以股权为基础的薪酬（尤其是股票期权）作为协调经理和股东激励机制的一种机制（Jensen，1993）。因此，股东在设计高管薪酬时，可以通过调整短期薪酬与长期激励薪酬的比例，实现管理者短期努力和长期努力的平衡，实现股东利益最大化和企业价值最大化。

从根本上来看，创新是企业对稀缺资源的合理配置，它会受到企业内部决策和利益分配机制的影响。创新活动可以为企业打造长期的核心竞争优势，从长远来看，它也是企业价值增值和经营业绩增长的重要来源。因此，公司所有者为了自身长远利益，希望企业管理层积极开展创新活动。但由于创新投资具有金额大、风险高、投资回收期长的特点，创新投资可能会对公司短期业绩产生不利影响，进而影响高管的薪酬和职位晋升。因此，两权分立造成的信息不对称和"理性经济人"的私利动机造成的委托代理问题，都不利于管理层增加研发活动的投入。根据创新活动的特点，公司治理需要着眼于企业创新能力的提升，所有者应制定有效的薪酬制度，以激励高管开展研发活动，并鼓励他们承担创新风险。

2.3　企业创新理论

"创新"这一概念最早可追溯到 1912 年经济学家 Schumpeter 的著作《经济发展概论》，他指出创新是将生产要素以"新组合"的方式引入生产体系，可以为企业带来以下五种有益结果：研发出新的生产技术，生产出新的产品，开发出新的原材料或半成品替代原来的原材料或半成品，开拓新的市场，以及建立新的企业的组织和制度形式。Schumpeter 建立的创新概念非常广泛，涵盖了生产的各个环节，可概括为技术创新、产品创新、原料创新、市场创新和组织制度创新。由于本书主要聚焦企业的技术创新，因此，以下主要阐述企业技术创新的相关内容。

1960 年，美国经济学家华尔特·罗斯在《经济成长阶段》中，将社会发展分为 6 个阶段，其中第三个阶段为"起飞"阶段，这一阶段的特点是工业化阶段开始后，新的技术在工业和农业中得到广泛的推广和应用，显著提高了生产效率，提高了投资收益率，带动了经济的发展。华尔特·罗斯的论断提高了社会对技术创新的认知。

索洛认为实现技术创新可分为两个阶段：新思想的产生和新思想的实现，被称为技术创新"两步论"。我国管理学家傅家骥认为技术创新是企业对生产要素和生产条件进行重新组合，以推出新产品、新技术、新材料，以及开发新市场或建立新组织的过程。

影响创新的因素可归为内部的要素和外部的条件，马奎斯认为，技术创新的动力主要来自企业技术本身推动的动力，社会需求产生的动力，企业家与生俱来的创新欲望，以及政府创新政策的引导动力等，且社会需求引发的技术创新比由于技术发展本身推动的技术创新多得多。还有学者认为企业的规模、市场竞争程度、管理制度、要素的流动性等都对企业的技术创新具有重要影响。技术创新的基础理论为创新评价提供了依据。

2.4 信息不对称理论

当 MM 理论提出他们的股息无关理论时，是基于假设每个人——投资者和管理者都一样——对公司未来的收益和股息都有相同的信息。然而，在现实中，不同的投资者对未来股息支付的水平和这些支付所固有的不确定性有不同的看法，而且经理人比普通的股东对企业未来前景有更全面的信息。这就是信息不对称理论所要说明的情况。

信息不对称理论是由美国的三位经济学家——Joseph E. Stiglitz、George A. Akerlof 和 Spence M. Andrew 提出的。信息不对称理论是指在市场经济环境下，经济活动的参与者对相关信息的掌握程度不同；那些拥有足够信息的人往往在竞争中处于更有利的位置，而那些信息掌握不足的人处于相对不利的地位（Akerlof，1970；Spence，1973）。举个资本市场简单的例子。假设一家公司的股票价格为每股 50 美元，如果经理愿意以每股 50 美元的价格发行新股票，投资者认为没有人会以低于其真实价值的价格出售任何东西，经理与上级所看到的股票的真实价值信息必须小于或等于 50 美元。因此，投资者认为发行股票是向资本市场发出的负面信号，这通常会导致股价下跌。信息不对称原理应用于股票发行的情况，也有例外，例如受监管的公用事业，就很少发生信息不对称现象。此外，一些公司，如初创企业或高科技企业，在短期内无法找到愿意出资的贷方，因此必须以更合理、更真实的价格来发行股票，以获得投资者的青睐。

合同签订前后都可能出现信息不对称现象。由于交易前双方的信息不对称，也就是说，一方拥有的信息较多，而另一方拥有的信息较少。那么，一个可能的担忧就是信息劣势会使信息劣势方付出额外的代价。所以信息劣势方倾向于利用这类交易的市场平均价格来估计交易价格，从而使决策更有利于自己，这样做的结果就会出现"劣币驱逐良币"的现象，即更高质量的产品或服务将逐渐退出市场，因为它的价值被低估了。这就是"逆向选择"问题。信息不对称带来的另一个问题是"道德风险"。"道德风险"是在信息不对称的条件下，不确定或不完全的合同使责任方不承担其行为的全部后果，一方面可以最大化自身的效用，另一方面还可能做出损害对方利益的行为。与"逆向选择"相比,"道德风险"是一种事后机会主义行为。由于交易一方难以观察或监控另一方的行为,拥有优势信息的一方在损害对方利益的同时,最大化自己的效用。

在公司运营中,"逆向选择"一般表现为公司经营管理者通过操纵或篡改提供给其他市场参与者的信息,使对方处于信息劣势,以牺牲其他外部市场参与者的利益以谋取个人私利。"道德风险"通常表现为管理层的懒惰和推卸责任(Scott,1997)。高管不遵守与所有者签订的合同,利用其职务之便谋取个人私利,牺牲外部投资者和企业主的利益。

在企业融资市场,也存在"柠檬市场"问题。由于企业与外部资本市场之间存在信息不对称,从而产生信用约束和"逆向选择"问题。为什么说企业与外部资本市场之间的信息不对称呢?这是因为企业外部的投资者在投资企业前会评估企业的经营情况和发展前景,但他们掌握的信息远不及企业本身。为了避免投资损失,他们会提高资金使用成本,来弥补自身信息缺乏而可能导致的投资风险。有融资需要的公司可以通过向外部资本市场传递"良好"信号来获得外部投资者的资金支持(Stiglitz & Weiss,1981)。但是,对于有创新融资需求的企业来,由于技术的外溢效应会降低创新收益的排他性,削弱了企业披露创新信息的意愿,使得外部投资者难以评估创新活动的价值和前景(王旭和褚旭,2019)。因此,外部投资者有两种选择,一是选择不投资,二是选择增加资本使用成本。不管以上哪种方式都会造成创新企业融资困境。因此,这种信息不对称将阻碍企业获得外部资本来支持创新研发活动。

信息不对称理论还认为,完全依靠自由市场运行机制未必能为整个市场经济和社会发展带来最好的结果,或者说市场机制在某些方面存在"失灵"。比如说在基础投资、人口就业、环境保护以及增进社会福利等方面,仅依靠自由市场运行规则实现不了预期目标。所以,信息不对称理论强调政府在经济运行中发挥的重要补充作用,呼吁政府对市场运行进行监督、干预和适度调控,以纠正市场机制造成的一些不利影响。结合该观点,可以认为政府通过研发补贴资助和支持企业创新活动,是对企业经营和研发活动的肯定,是对研发活动可行性和其未来应用价值的"证明"。因此,企业获得政府研发补贴,借助政府补贴的"认证效应",可以向外部资本市场释放积极信号，帮助缺乏信息的外部投资者识别企业创新质量或企业潜在的价值，减少投资者对影响创新投资收益的不确定因素的担忧，更愿意向企业提供资本，因此，政府研发补贴可以帮助企业获得外部创新融资支持。

在企业与资本市场之间存在的信息不对称也会对企业的资本结构决策产生影响。因为存在这样一种情况，假设一家公司刚刚成功完成了一项研发计划，预计这项新技术会在不久的将来为企业带来更高的收益，但是现阶段，新技术还处于保密期或未被外界认可，那么潜在的未来收益尚未被投资者预知，因此这项新技术的价值并未反映在股价中。这种情形之下，这家公司不应该发行股票来进行融资——它应该用债务融资，直到更高的收益实现并反映在股价中，那时候它才可以发行普通股进行融资以偿还债务，并返回其目标资本结构。

创新可以为企业赢得长期的竞争优势和超额利润，但是，企业创新需要长期的投入，况且研发周期长，最终的结果也存在很大的不确定性，所以有人认为追求创新不利于管理者职业生涯的稳定性。这导致管理者追求短期利益，而忽视了公司的长远发展。管理者本能地倾向于选择规避风险，不愿从事高风险的研发活动，与所有者追求的长期目标不符。基于以上理论分析，本书认为，在公司治理中，制定高管薪酬合同的重要目标就是减少企业管理者和所有者关系中由于信息不对称导致的"道德风险"和"逆向选择"问题。有效的薪酬激励机制可以统一高管和股东的利益目标，增强管理层开展企业创新活动的主动性。

2.5　信号理论

信号理论是信息不对称理论的延续和发展。2001 年诺贝尔经济学奖获得者斯宾塞（Spence）于 1973 年首次提出信号理论。信号理论以信息不对称理论为基础和前提，被认为在许多投资决策环境中发挥着非常重要的作用。信号理论的主要内容包括两个方面：信号传递与信号识别。信号传递是某种内在信息比如商品价值通过可观察到的行为或信息向外界传递，而信号识别则是信号接收者通过不同的合同契约对真实信息进行有效识别。基于信号理论的关键思想，本研究运用信号理论，将政府研发补贴和高管激励作为企业向外部投资者发出的信号，研究投资者对企业创新投资的评价和反应。

现有的信号理论分析框架是"信号发送者—信号—信号接收者"。信号理论被广泛应用于金融领域，主要描述和研究两类具有不同信息的参与者（信息的优势方和信息的劣势方）的行为（Spence，1973）。例如，管理者作为掌握公司信息的优势方，其制定并对外公布的管理决策可以向信息劣势方——外部投资者传递有关公司运营质量的有用的信号。

信号理论主要包括三个要素，即信号发送者、信号和信号接收者。在信号理论的概念中，Smith 和 Harper（1997）强调了两个关键的过程：过程一是信号发送者向信号接收者发送包含信息的信号；过程二是信号可以有效地影响信号接收者接下来的行为决策。Connelly 等（2011）用时间线清晰地描述了信号发送者、信号和信号接收者之间的关系，如图 2 - 4所示。该模型将信号传送的过程描述为四个阶段：初始阶段 t_0，信号发布者制造信号；第一阶段 t_1，信号发送者发送信号；第二阶段 t_2，信号接收者收到信号并对信号进行识别；第三阶段 t_3，信号接收者做出响应行为。

图 2 - 4　信号传递时间轴

将信号理论应用于企业融资中，则信号发送者是企业管理者等，他们掌握着健全的内部信息，例如企业的人事信息、产品信息、财务信息以及组织信息等，而外部投资者则无法获取人员、产品、财务以及组织等真实信息。信号是由企业管理者发出的，包含了管理者个人、整个企业的组织能力、企业的发展潜力等的信息。一般来说，此类信息是成本高昂的、可观察且难以模仿。因为这种利好信息一旦易被模仿，则变得没有参考价值。作为信号理论中的第三大要素——信号的接收者，它指的是个人或组织的局外人，他们不具备直接获取有关个人和组织的内部信息的条件，因此，只能通过信号发送者发出的信号来对个人或组织的价值信息做出评价，并根据判断结果做出响应，从交易中获得收益。这就像在个人在购买商品时，不知道商品的真实质量如何，只能通过价格高低来判断，高价意味着优质，所以根据信号理论，消费者倾向于购买高价商品来获得质量保证。

如果一个行为要用信号理论来解释，需要满足以下四个条件：一是企业的行为对他人有利；二是可以从外部观察到企业的这种行为；三是这种行为对发送者来说要付出成本代价，因此不会轻易被模仿；四是这种行为与企业的能力和潜力有关。

在本研究中，公司将政府研发补贴作为向外部资本市场释放的积极信号，使外部投资者能够对公司的创新活动做出积极评价，消除创新活动的外部信息不对称，帮助企业获得外部投资。本研究的另一个主题中，企业加大高管激励力度，制定有效的高管激励契约，外部投资者将此种表现视为公司治理的积极信号，让他们对公司的运行质量更有信心，更愿意投资于公司，以获得预期的投资回报。

2.6　本章小结

本章节对本研究涉及的主要理论进行了总结阐述。主要包括五个理论：企业创新融资理论、委托代理与公司治理理论、企业创新理论、信息不对称以及信号理论。为后文的机制分析和实证研究奠定了理论基础。

企业创新融资理论是创新要素理论与企业融资理论的结合，根据创新活动投资周期长、风险性高的特点，资本是企业创新成功的主要影响因素之一。而不同的企业自身发展状况与面临的融资环境不同，选择的融资方式自然不同，而企业的融资方式进一步影响了企业的资本结构和融资规模，这些都会进一步影响企业的创新效果。

熊彼特提出的创新概念中，组织创新是创新的主要内容，同时现代企业制度下产权分立，代理问题成为影响创新的潜在威胁。本章回顾了委托代理与公司治理的相关理论，为后文开展高管薪酬与企业创新的关系研究奠定了理论基础。根据企业创新活动的长期性、风险性等特点，公司治理理论认为应制定有效的管理者薪酬制度，以激励高管开展研发活动，减少他们规避创新风险的倾向。

本章节对创新概念、创新的过程以及创新的影响因素进行了简要阐述。由于企业创新活动与外部资本市场存在信息不对称，容易产生融资问题。信息不对称理论强调政府在经济运行中发挥着重要作用，因此，政府研发补贴是减少企业与资本市场信息不对称的重要信号，有效的高管薪酬激励也是减少企业与外部资本市场信息不对称的信号。信号理论为本书的两个实证研究内容即政府研发补贴与企业创新、高管薪酬与企业创新提供了理论支撑。

第 3 章　文献综述

根据本书的研究内容，本章对以下四个方面的文献资料进行了综述与分析：企业创新融资相关研究、政府补贴对企业创新的影响研究，以及高管激励对企业创新活动的影响研究。最重要的是，企业投资、企业融资和公司治理与企业的外部融资依赖度密切相关，因此也对外部融资依赖对资本市场和政策的影响作用方面的文献进行了简要回顾。

3.1　企业融资与企业创新

企业创新是一个特别重要的课题，最近在金融经济学中引起了极大的关注（He & Tian，2018）。熊彼特模型认为技术进步是经济长期增长的重要因素（Schumpeter，1934）。创新不同于其他投资活动，整个创新过程不仅是持久的、异质的、不可预见的，而且创新也有很大的失败可能性。创新具有鲜明的特征：成本高昂、不确定性、排他性及信息不对称（Holmstrom，1989；Le & Jaffe，2017）。先前的文献表明，创新融资可能受到内部因素和外部因素的影响。

提高科技创新能力不仅是我国建设成为世界科技强国的重要着力点，更是企业增强自身竞争优势的重要选择，提高对于研发活动的重视程度对高新技术企业来说尤为重要。胡义东、仲伟俊（2011）认为，企业的研发成本与企业价值呈现正相关的关系，企业增加研发投资意味着未来会有新技术为企业带来新的收益增长点，因此，研发成本的增加被投资者视为企业未来会有高的投资回报，通常会促使企业价值的成倍增加。但如果企业的研发经费投入不足，会导致企业无法进行持续的科技创新，可能会失去竞争优势，这样一来，企业的核心竞争力会大大降低，从而制约企业的可持续发展，以至于落后于其他同类企业，甚至有被同类企业抛弃的风险。

樊秀峰、韩亚峰（2015）认为，研发投入充足的企业通常对于知识资本的积累也更加迅速，自身的技术水平也会更加成熟。张东廷、李连燕（2017）指出，研发投入的增加对于企业提高自身的商业价值，增强市场竞争力具有重要意义。

Fazzari 等（1988）宣称，在不完善的资本市场中，企业的投资决策与其融资条件和收益波动相互依赖。Xiao & Zhao（2012）发现股票市场发展与企业创新呈显著正相关，但银行业发展的影响则喜忧参半。Mukherjee 等（2017）研究了美国州级企业税率和创新活动的交错变化，以证明税收增加会减少未来因现金流和金融约束加剧而导致的创新投入和创新产出下降。在现有信贷体系下，实物抵押仍然是获得银行贷款的主流方式。缺乏实物抵押品总是阻碍企业进行创新融资（Booth et al.，2015）。为了缓解融资约束，获取外部资本支持企业创新，企业通过选择上市发行股票（Acharya & Xu，2017），吸收风险投资（Kortum & Lerner，2000；Bayar et al.，2018）和企业风险投资（Chemmanur et al.，2011）进行融资，也有学者考察了企业税收与创新投资之间的关系，发现企业税收的提高会降低创新投入与创新强度，因此，企业可以通过寻求税收优惠来增加企业的现金流（Mukherjee et al.，2017；栾强和罗守贵，2018）。其他研究还考察了机构所有权（Aghion et al.，2013；Ferreira et al.，2014）、现金资产（Carter，2005；Brown et al.，2009）和其他影响创新的因素。大多数研究表明，企业融资是影响创新的关键因素（Mann，2018）。对研发活动等智力产品的投资往往承受的风险更大，也更难使用抵押贷款。因此，创新投资面临融资约束更多、更严重，尤其是在新兴经济体表现得更为突出（Zhang et al.，2020）。由于技术的溢出效应降低了创新收益的排他性，削弱了企业披露创新信息的意愿，使得外部投资者难以评估创新活动的价值和前景（王旭和褚旭，2019）。Kou 等（2020）的研究还表明，由于中国企业创新的不确定性和严重的溢出效应，导致研发投资远低于社会最优状态。

Gorodnichenko 和 Schnitzer（2013）根据"商业环境和企业绩效调查"（BEEPS）获取了企业创新和融资约束信息，构建了相应的数据库。通过这个汇集的数据库，他们检查了企业在面临融资摩擦时的生产决策，并提出因为资金短缺，企业融资约束抑制了企业生产力和规模增长，从而对创新产生负面影响。同样是根据 BEEPS 的数据，Wellalage 和 Ferdnandez（2019）发现正规融资，尤其是银行融资，与年轻企业的高产能和流程创新呈正相关关系。此外，贸易信贷作为一种非正式的外部融资来源，对发展中国家的企业创新具有重大影响。Brown 等（2012）通过对大样本的欧洲公司进行研究发现，当企业面临融资约束时，外部融资的可获得性对公司的研发投资有相当大的积极影响。Chen 和 Matousek（2020）通过对 1 541 家中国上市公司的分析表明，生产力被视为企业质量良好的信号，在获得外部融资方面发挥着重要而积极的作用，尤其是对老企业或大型企业而言。也有学者认为，并不是所有的外部融资方式都对企业创新具有积极影响，Kim 等（2016）通过对韩国企业的分析，为研究在不完善的资本市场中的企业创新融资提供了新的证据，研究表明银行贷款对韩国的技术创新产生负面影响，主要原因在于银行对创新融资的保守贷款条款抑制了经理投资风险创新活动的积极性。

3.2 政府补贴与企业创新

本研究还建立在有关政府研发补贴的实证研究之上。政府补贴是国家进行宏观调控的重要工具，政府对企业进行补贴是非常有必要的，政府的补贴资金可以对企业研发投入的成本进行弥补。同时，政府研发补贴起到向外界传递正向信号的作用，有利于外源融资更多地流入企业。各国学者也对此进行了实证分析。政府研发补贴与企业研发投入之间存在着非常紧密的联系，根据对现有文献的梳理，发现二者的关系并无定论，主要包括政府补贴对企业研发投入产生正向激励效应以及反向挤出效应两种截然不同的观点。

一些学者认为政府研发补贴可以促使企业投入更多资金进行研发活动，对其产生正向的影响。Busom（2009）选取西班牙企业作为研究样本，证明得出政府补贴具有缓解企业融资压力的效果，它向社会传递出该企业研发项目是很优质的信号，帮助其他投资者了解企业的研发项目，并最终决定进行投资，这推动了企业研发活动的进程。Nola（2010）通过对爱尔兰上市公司研究发现，政府研发补贴抬高了企业开展研发活动的热情，有利于带动企业研发水平的提升。Guan（2015）认为政府通过给创新型企业发放研发补贴资金，能够提升企业的创新动力，增加研发投资，有利于企业的长远发展，从宏观来看，整个国家的经济效益和社会效益也会得到发展。得到相似结论的还有，Beom Cheol Cin（2017）以韩国大量的中小制造企业作为样本，通过一系列实证分析得出，政府补贴政策与企业的研发投入表现为正相关的关系。王楠（2017）认为政府补贴政策对于市场失灵现象可以起到改善的作用，政府补贴的信号传递机制使得更多的潜在社会资金涌入企业，对增强企业研发活动的自信心很有益处。郭玥（2018）选取沪深 A 股上市公司作为研究样本，研究得出政府补贴行为具有诱导企业增加研发投入的效果。

Mairesse 和 Mohnen（2010）认为政府补贴已成为促进研发活动的常规方式。事实上，政府补贴对未来创新的重要性可能有几个方面的原因。首先，有创新机会的企业往往资金短缺，政府补贴作为重要的外部资金来源具有多种优势——成本低，溢出效应好，通过减少信息不对称可以带来后续外部资本投资。

以上研究得出的结论支持了政府研发补贴对创新投资的"挤入效应"。然而，也有可能存在政府补贴将企业的私人资本从研发活动"挤出"到风险较低的投资上去（Busom，2000）。Zhao 等（2018）指出，国家研发补贴政策的制定和部署可以显著地影响一个新的技术进步。通过评估政府研发补贴的"挤入效应"和"挤出效应"发现，对于数额较大的政府研发补贴来说，其净效应为正。但是数额较小的政府研发补贴，其效果则表现出不确定性。可见，从现有的研究来看，政府补贴对企业创新的作用主要表现为"挤入效应"和"挤出效应"。

目前的实证研究证实了这两种效应的存在。解维敏等（2009）指出，政府补贴可以有效缓解创新资金约束，提高研发效率。程华（2000）认为，企业的研发创新成果很容易被别人模仿，这会导致企业研发活动的热情低迷。由于企业模仿别人研发成果的成本远远小于自身进行研发活动所要投入的成本，导致企业模仿替代创新的现象大量产生。这种现象的产生可以通过政府补贴政策来进行改善，从而使企业研发活动的权益得到更多

的保障，在企业之间形成更加良性友好的竞争。国外学者 Duguet（2004）
认为，政府补贴对企业的科研创新活动会产生激励作用，可以分担企业风
险，对企业研发投入资金的增加具有促进效应。Feldman（2006）认为，
政府补贴具有信号传递作用，企业得到政府补贴表示该企业的研发项目获
得了政府的认同，说明该企业的研发活动前景良好，从而促进了外部投资
者对其投资的积极性。外国学者 Oliviero（2011）研究得出，获得政府补
贴的企业与没有获得政府补贴的企业相比，融资约束会适当减弱，获得外
部投资也更容易。

　　许国艺（2014）则认为，对于不同的企业而言，政府补贴产生的激励
作用是有所差异的，他通过研究得出，政府补贴对于民营企业的激励作用
更加显著。政府补贴资金的注入，可以起到提高研发投资回报率的作用，
特别是对于企业发生亏损的研发项目，补贴资金的投入甚至可以使一些项
目转亏为盈，从而激励企业继续对该项目进行研发。陈洋林（2019）研究
得出，政府的补贴政策可以刺激企业加大科研创新力度，一定程度上弥补
市场研发资金投入不足的问题，帮助企业降低负担，分散风险。Bayar 等
（2018）发现与没有资金的情况相比，有针对性的政府补贴可以激励企业
进行研发投资。Mateut（2017）通过检验发展中经济体政府补贴与企业创
新之间的关系得出了与之一致的研究结论。Wu（2017）利用中国企业的
样本数据进行实证分析，发现政府补贴增加了企业获得外部融资的机会，
而且这种"认证效应"在民营企业中比在国有企业中表现更强。这从一个
侧面说明了中国的民营企业面临更大的融资限制和信息不对称现象。Kou
等（2020）基于中国北京中关村科技园收集的独特数据展开研究，表明政
府补贴对中国小微企业的创新投入和产出有积极影响，但对大企业却收效
甚微。这个研究从企业规模上证实了在中国中小企业面临的融资约束和信
息不对称现象比大企业更严重。政府补贴还可以通过"认证效应"增加企
业获得风险投资的机会。Wu 等（2020）得到了一致的研究结论，他们研
究了在中国政府研发补贴对可再生能源投资的直接影响和信号效应。基于
2009—2015 年中国可再生能源上市公司的数据，采用普通最小二乘法
（OLS）评估政府研发补贴政策对可再生能源投资的影响，以及所有权属
性差异在这种影响中的作用。通过可再生资源公司的面板数据研究结果表

明，政府研发补贴可以作为向外部资本市场传递的积极信号，帮助企业获取风险投资。

然而，一些学者否定了政府补贴的正向激励作用，认为政府补贴对企业的研发投入产生抑制效应。Ying & Jing（2014）发现，政府干预政策倾向于增加企业对有形资产的投资，同时相应地减少研发支出。肖文和林高榜（2014）利用随机前沿分析方法测算了 36 个工业企业的技术创新效率，发现政府倾向于看重非市场化的"远期"技术创新，显然这与企业短期利益相冲突，因此，政府的直接和间接支持对于企业而言并不能直接带来研发产出效率的提高。Liu 等（2019）通过调查中国的"僵尸企业"得出结论：政府补贴对产能利用率会产生负面影响，因为它扭曲了受补贴企业的投资活动。Klette（2000）认为，由于政府不可能掌握企业创新活动的全部相关信息，政府研发补贴的发放也会缺乏客观性，因此，对于上市公司进行的补贴政策还有需要完善的地方。存在这样的情况：如果企业通过"伪装"来获取政府的研发补贴资金，获得资金后也没有合适的创新项目进行投资，那就会把手中的政府研发补贴资金投向"来钱快"的项目，在短时间内便可以快速获利，这样政府研发补贴就扭曲了企业研发活动的进展。彭留英和张洪兴（2008）研究了政府失灵与民营企业的创新问题，通过对民营科技企业的实证分析，发现政府补贴使得民营科技企业之间不正当竞争加剧，破坏了市场秩序，抑制了企业的研发投入。Wallsten（2010）以美国中小企业创新研究计划（SBIR）的企业作为研究对象，分析得出，政府研发补贴与企业自有研发资金之间是存在"替代挤出效应"的，当企业的政府研发补贴注入资金增加时，企业自有的研发资金不增反降。张小红和逯宇铎（2014）利用"中国工业企业数据库"的研究样本，使用 PSM 和 Probit 回归方法进行实证研究，结果发现获得政府研发补贴与没有获得的企业比较，研发强度增加了 0.184%，但是研究也认为政府应该加强对研发补贴资金的使用监督和有效引导，否则企业会因为缺乏后续监管，可能会把这部分资金投入短时间就可以获利且风险较小的项目，更有甚者，企业可能会用研发补贴资金来扭转亏损，粉饰报表。逯东等（2012）将创业板高技术企业作为研究样本，实证检验了政府研发补贴与企业创新投资之间的关系，发现在创业板企业获得政府研发补贴后，常被挪作他用，甚至连带自有资本一起进行其他项目的投资，使得这种补贴没有发挥出提升企业研发水平的作用。这些都会对研发创新活动产生挤出效应。

除了这两类完全相悖的研究结论外，一些学者发现政府补贴与创新之间存在非线性关系。Hussinger（2008）分析了 3 744 家德国制造企业，发现政府补贴与企业研发强度呈 U 形关系。Lin & Luan（2020）基于风电行业样本，采用随机前沿模型研究政府补贴对创新效率的长期作用，给出了一致的实证分析结论。Ahn 等（2020）用 PSM 方法调查了 489 家韩国创新公司，发现政府研发补贴可以促进创新合作，但这种激励效果呈倒 U 形，即政府研发补贴对创新的激励会随着资助金额变化呈现先增长后下降的现象。

综上所述，政府研发补贴对创新的影响效果在不同的国家和行业中表现出很大差异。这激发了学者对政府研发补贴对创新影响机制的研究。Howell（2017）使用美国能源部 SBIR 赠款计划的等级申请者数据，在相关研究中发现，企业在项目早期获取的政府资助大约使公司获得后续风险投资的可能性增加一倍，并对专利和收入产生巨大的影响。这种影响在一些面临融资约束的企业表现得更为明显。这是因为项目早期的政府研发补贴可以减轻资本密集型部门的小公司研发投资的流动性限制。表明政府补贴具有良好的溢出效应，在创新活动早期获得的政府研发补贴可能会通过"资金效应"或"认证效应"影响公司的研发投资。"资金效应"影响机制是政府通过补贴款直接资助创新项目，避免企业出卖股权以换取外部资本，降低创新初期的投资风险。"认证效应"影响机制是政府的研发补贴决定可以向外部投资者传达有关公司技术和未来的积极信息（David 等，2000；Wu，2017）。通过对两种影响机制的作用机理进行思考，发现这两种效应机制的效率都与企业是否需要外部融资有关。然而，现有研究几乎忽略了外部融资依赖在政府研发补贴与创新投资关系中的作用。将外部融资依赖这一关键因素纳入二者关系的分析框架中，或许为政府研发补贴对创新的影响研究提供新的思路。

3.3　高管激励与研发投资

代理理论表明，企业的所有者和管理者有不同的目标和冒险偏好。管理者倾向于最大化自己的效用，而不是股东的财富（Zhu et al.，2019）。但是，创新活动需要长期投资，而且总是表现出结果的不确定性，因此，管理者通常为了追求自己的短期利益，而忽视公司的长远利益。创新投资可以为企业打造核心竞争优势，公司所有者希望管理层积极开展创新活动。但由于创新投资金额大、风险高、投资回收期长的特点，创新投资将对公司短期业绩产生不利影响（Edmans et al.，2017；Biggerstaff et al.，2019），进而影响高管薪酬和职位晋升。

在公司治理中，制定高管薪酬合同的重要目标是抑制委托代理关系中信息不对称导致的道德风险和逆向选择问题（Raithatha & Komera，2016）。为了减少代理冲突，代理理论的主流观点是通过给予经理薪酬激励来减轻管理风险厌恶（Hoskisson et al.，2009；苏坤，2015；Kanapathippillai，2019）。有效的薪酬激励机制可以统一高管个人利益和股东利益，增强高管为企业长远利益而创新的主动性（Jia et al.，2019）。因此，企业制定有效的薪酬体系对激励高管人员承担创新风险、鼓励创新投资具有重要意义。现在，典型的 CEO 会收到固定工资、基于公司业绩的现金奖励和基于股票的薪酬（无论是以股票授予还是以期权授予），还有现金红利（通常基于短期经营因素，例如当年每股收益的增长，或中期经营业绩，例如过去 3 年的收益增长。）

关于 CEO 薪酬、公司治理和公司创新之间关系的研究很多，但是，关于这种联系的确定性结论仍然存在争议（Rodrigues et al.，2020）。货币薪酬一般由工资和奖金组成，基本工资相对固定，奖金会随短期业绩的变动而增减，这两者是维持高管正常生活水平所必需的。它是高管追求的重要目标，对高管具有重要的激励作用（Fu，2012）。有相关研究表明，CEO 薪酬激励与研发投资（Lin et al.，2011）以及专利数量和引用数量（Sheikh，2012）呈正相关关系。Onishi（2013）认为货币薪酬会增加高引用专利的数量，并且这种效果对小公司来说更强。还有部分研究结果表明，基于收入的薪酬可以促进员工的创新动机。Tsao 等（2015）以台湾研发密集型产业中的企业为研究样本，研究了家族所有制结构是否减轻了CEO 薪酬对研发投资的敏感性。结果表明，与非家族企业相比，家族企业 CEO 薪酬对研发费用的敏感性更高，因此企业研发投入水平在确定家族企业 CEO 薪酬中的影响力更大。

　　同样关注薪酬问题，Aggarwal 和 Samwick（2006）开发了一个模型——最优契约模型，并实证分析了薪酬激励、投资和公司绩效之间的关系。他们的研究结果表明，公司绩效和管理层激励之间的关系本身并不能确定管理人员是否从投资中获得私人收益，就像在管理防御理论中那样。同时，他们估计了管理层激励与企业绩效之间，以及管理层激励与投资之间的联合关系。他们得出的结论是投资和激励是正相关的。此外，他们发现公司绩效在所有激励水平上都在增加。研究者将他们的发现解释为管理者有私人投资成本，这与基于管理者拥有私人投资收益的过度投资理论是不一致的。

　　有学者认为 CEO 薪酬激励可以使得 CEO 的个人利益目标与公司的创新目标相结合（Chen et al.，2017）。然而，也有学者的研究结果显示，由于任人唯亲和代理问题，过高的薪酬（董事和首席执行官）与公司业绩不佳和公司治理薄弱密切相关（Brick et al.，2006；Chen et al.，2019）。

　　根据代理理论，人们有理由认为，管理层股权激励通过将管理人员的利益与所有者的利益相结合，提高了高管的风险承担能力，激励他们进行创新活动，但实证研究中，股权激励对创新影响的证据仍然存在分歧（Gormley et al.，2013；Balachandran & Faff，2015）。从理论上讲，股票期权应该使经理的利益与股东的利益保持一致，从而影响经理以最大化公司价值的方式行事。但在实践中，这并不是一定的，其可能的原因有两个。首先，假设一位 IBM 的 CEO 被授予 100 万股的期权。如果我们假设给出的公司股票价格为 34 美元，那么受让人将获得每份期权 34 美元，总计 3 400 万美元。这是对年薪和现金奖金的补充。管理层期权激励背后的逻辑是，它激励人们更努力、更聪明地工作，从而使公司更有价值，并使股东受益。但仔细看看这个例子。如果无风险利率为 5.5%，市场风险溢价为 6%，IBM 的贝塔系数为 1.19，则基于资产定价模型（CAPM）的预期收益为 $5.5\% + 1.19 \times (6\%) = 12.64\%$。IBM 的股息收益率仅为 0.8%，因此预期年价格升值幅度必须在 11.84% 左右（$12.64\% - 0.8\% = 11.84\%$）。如果 IBM 的股价在 5 年内从 100 美元增长到 134 美元，那将转化为 6% 的年增长率，而不是股东预期的 11.84%。因此，这位高管将因帮助经营一家业绩低于股东预期的公司而获得 3 400 万美元。如本例所示，标准股票期权不一定将高管的财富与股东的财富联系起来。

在实证研究中，学者认为 CEO 财富对股价的敏感性与风险较高的战略政策密切相关，包括相对较多的研发支出和较高的债务比率（Raviva & Elif，2013；Sheikh，2012），所以 CEO 在上市公司中持有的股权与创新呈正相关（Aghion et al.，2013）。更糟糕的是，2000 年代初期的事件表明，一些高管愿意在行使其股票期权之前非法伪造财务报表以推高股价。这样的情况被市场关注之后，随后的股价下跌和投资者信心的丧失可能迫使公司破产。这种行为肯定不符合股东的利益。

看涨期权激励可能会导致管理层愿意承担的创新风险出现不确定性，这取决于管理者风险规避态度和企业潜在的投资策略（Ju et al.，2014）。Edmans 等（2017）的研究表明，由于高管对股价短期波动的担忧，一单位所持股权的股价波动标准差将导致研发投资加上净资本支出每年减少 0.2%。Mao & Zhang（2018）通过将美国财务会计准则 FAS 123R 的实施作为准自然实验的条件进行研究，发现 CEO 的 VEGA 值[①]和企业创新之间具有正向的因果关系。使用相同的方法，Biggerstaff 等（2019）修改了专利数据中的截断偏差并得到了不一致的结论，他们认为基于期权的薪酬不会激励以专利申请和研发费用作为衡量指标的企业创新。管理层持有股权和研发投资之间存在非线性倒 U 形关系，这表明当管理层持有的股权数量较低时，管理层股权与研发活动之间呈现正相关关系，而当管理层持有的股权数量较高时，管理层股权与研发活动之间则呈现出负相关关系（Kim & Lu，2011）。学术研究的实证结果表明，高管薪酬与企业创新之间的关系是不一致的。一些研究表明，所使用的薪酬计划类型会影响公司创新绩效，而另一些研究则发现几乎没有影响。但我们可以肯定地说，管理薪酬计划将继续受到研究人员、大众媒体和董事会的广泛关注。

如前所述，公司并非在真空中运营，而是在法律约束下运营。公司受到市场力量的影响，并受到其他来源监督的影响。有许多论文研究了资本市场信息提供者与公司治理不同方面之间的联系。例如，Chung 和 Jo

---

① VEGA 值是期权价格对于标的资产价格波动率的敏感程度。

（1996）认为证券分析师通过监控公司管理和向市场提供有关公司的信息来降低代理成本。监督也可能来自其他市场参与者——尤其是那些向机构投资者提供治理分析和投票建议的市场参与者。在这方面，Bethel 和 Gillan（2002）、Morgan & Poulsen（2001）以及 Morgan 等人提供证据表明治理分析师的负面投票建议与投票支持水平显著降低有关。因此，一些面向服务的实体有可能既充当信息提供者又充当企业管理的监督者。

对于需要外部融资企业来说，良好的公司治理是向外部资本市场释放的"积极"信号，因为良好的公司治理意味着公司代理冲突较小，且有利于降低企业内外部的信息不对称，这对于提升投资者的投资信心很关键。尽管公司对外部融资的依赖与融资风险和公司治理有关，但之前研究中并未将外部融资依赖引入到此类问题的分析框架中。

3.4　外部融资依赖相关研究

RZ（1998）利用跨行业外部融资依赖的差异，在建立金融发展对实体经济发展的因果关系方面取得了重大进展，他们将一年资本支出中不是通过内部现金流融资的部分作为企业的外部融资需求量。他们的研究表明，在金融市场较发达的国家，相对更需要外部融资的行业部门发展得更快，这从深层次上说明了"金融在前、经济在后"的发展逻辑，同时这意味着外部融资依赖这一属性是资本市场和外界政策影响企业融资、投资包括研发投资的重要"通道"。

Hyytinen & Toivanen（2005）沿用了 RZ 的分析思路，修改了模型和测量方法，研究了芬兰政府资助政策对企业创新和中小企业绩效的影响。他们的研究表明，政府资助更大地促进了处于外部金融依赖（EFD）行业中的公司，并间接证明了芬兰的资本市场是不完善的。Hsu 等（2014）通过收集 32 个国家的数据研究金融市场对创新的影响机制，发现在较发达的股票市场中，那些依赖外部融资的行业企业具有更好的创新表现。

根据 RZ（1998）的研究，Acharya & Xu（2017）用公开上市和非上市公司的匹配样本证明了行业外部融资依赖与创新之间的关系，得出的结论表明：更依赖外部融资的行业的上市公司比内部融资依赖行业的上市公司具有更好的创新表现。他们的研究表明，低成本外部资本对企业创新的影响取决于企业的融资依赖程度。在中国，王兰芳和胡悦（2017）的研究表明，风险投资显著地促进了基于专利申请数量和质量的创新绩效，尤其是对于 EFD 较高的行业。李晓龙等（2017）发现区域经济对外融资依赖度越高，金融要素扭曲对创新投资的抑制作用越显著。Mirzaei & Grosse（2019）发现更倾向于依赖外部融资的行业在金融危机期间变现得更具弹性。进一步分析，如果它们所在的金融市场规模庞大并且在危机前表现良好，则发展弹性就更强。Bose 等（2020）通过研究资本控制政策对印度企业生产力和出口业绩的影响时发现，政策干预对于高外债和低流动性的公司来说积极作用更大。Zhu 等（2020）对来自 50 个国家的宏观经济数据集进行研究，发现当私营部门的外部信贷规模过高（超过 GDP 的60%）时，创新对经济增长的贡献很小。他们的研究表明，过度的外部融资依赖会削弱金融对经济发展的促进作用。

以往的一些研究发现，外部融资需求对公司治理有正向影响。如果企业具有较高外部融资需要，那么这会刺激企业去寻找改善公司治理实践的方法，以获得外部资本市场的青睐，所以外部融资需求可能会强化公司治理实践对公司绩效的影响。因为良好的公司治理被视为一种良好的信号，意味着企业可能存在的信息不对称问题更少，管理者和所有者之间的利益冲突减少，因此外部投资者倾向于投资这些公司治理良好的公司且具有外部融资需要的企业（Chen et al.，2010）。

外部监督可能会改善高层管理人员的风险承担倾向。当外部监督力量强大时，CEO 的风险承担能力和公司绩效可以更好地保持一致（Hoskisson et al.，2016）。外部监督可能会调节管理者薪酬的利用效率。这表明代理冲突可能在外部监督松懈时表现更为突出，而在外部监督加强时则不那么突出（Wright et al.，2002）。Khan 等（2017）认为，由于外部监督的谨慎和外部资本的更多补充，企业采用的外部融资体系和资本结构的发展方向可能会减少代理问题和融资约束对投资效率的不利影响，这种效果在新兴经济体中表现得尤其明显。通过以上分析可知，外部融资依赖这一行业属性架起了外部资本、外部监管和企业投资之间的桥梁，为研究企业创新问题提供了新的分析思路。

综上所述，在实证研究方面，虽然部分学者立足于企业的融资领域考察了政府研发补贴对企业创新的影响，但并没有一致的实证证据表明政府研发补贴对企业创新的影响。本研究试图引入外部融资依赖这一行业属性作为调节变量来检验政府研发补贴对企业创新的"资助效应"和"认证效应"的作用，通过 EFD 这个变量验证政府研发补贴的两种不同的作用机制，有助于更具体地理解政府研发补贴的影响机制。

尽管高管激励对研发的影响被广泛研究，但尚未涉及外部融资依赖这一行业属性在高管激励与研发投资关系中的作用。本研究从外部融资依赖的角度考察了不同类型的高管激励对研发投资的影响效果。

3.5 本章小结

创新是保证企业竞争优势的不竭源泉，更是推动经济社会进步的持久动力。但是，创新的整个过程不仅是漫长的、特殊的、不可预测的，而且创新还存在非常高的失败概率。因此，创新面临的一大难题就是融资。尽管熊彼特（1911）认为金融市场的发展对一个国家的创新至关重要，但将金融市场发展与技术创新联系起来的严谨的实证研究却很少。本章首先对创新活动的特征，创新融资的现状、问题和影响因素等相关研究进行了回顾总结，并指出运行良好的金融市场是促进创新融资的关键因素，在缓解融资约束，降低融资成本，分配资本资源等方面可以发挥重要的作用。

为了激励企业创新，各国政府尤其是发展中国家都会采取发放研发补贴的形式来给予企业外部激励。相关研究深入探讨了政府研发补贴对企业创新投资的影响，以及对创新产出的影响。还有学者关注了政府研发补贴是否会改变企业创新策略和长期战略等方面。通过回顾相关文献，发现尽管普遍认为政府补贴与企业创新之间的关系密切，但政府研发补贴对企业创新的效果究竟如何尚无定论，尤其是政府研发补贴对企业创新的作用途径仍未得到足够的关注，且深入探讨政府研发补贴对企业创新的影响机制的实证研究很少。

根据委托代理理论，企业管理层与所有者的利益并不完全一致。这就导致了双方在开展创新活动上的态度差异。企业管理者会考虑研发支出的收益和成本，当预期个人收益超过预期个人成本时，他们会进行投资。因此，通过高管薪酬激励来提高企业创新是公司治理的重要方面。本章节通过回顾相关文献，对高管薪酬激励的方式，CEO 薪酬、公司治理和公司创新之间的关系，不同激励方式对提升创新的作用效果等方面进行了综述。尽管大多数学者都认为公司治理对企业创新至关重要，但是不同高管激励方式对创新的影响机制和作用效果并未形成一致结论。尤其是对发展中国家的公司治理手段和创新融资相结合的研究更少。

现有的文献多数只关注了政府研发补贴和高管薪酬激励对创新的表面影响效果。尽管许多经济学家想当然地认为创新对经济增长和发展至关重要，但现有文献却对发展中国家的创新如何受到融资渠道和公司治理的影响讳莫如深。外部融资依赖作为企业与外部环境的联通渠道，通过引入这一全新的研究视角，试图发现政府研发补贴和高管薪酬激励等内外部因素对企业创新的影响机制，拓展企业创新的研究成果。

第 4 章 外部融资依赖研究进展

4.1 外部融资依赖研究的兴起

　　20 世纪初，有大量文献研究宣称一国金融部门的发展对其人均收入水平和增长率存在积极影响，这类研究最早至少可以追溯到约瑟夫·A.熊彼特（Joseph A. Schumpeter，1911）。该论点本质上是强调金融部门提供的服务——将资本重新分配给最有利用价值的用途，而不会因道德风险、逆向选择或交易成本而造成重大损失风险，说明金融服务是经济增长的重要催化剂。后来的实证研究似乎与这一论点一致。例如，Raymond W. Goldsmith 根据 1860—1963 年来自 35 个国家的数据，进行了实证研究，得出结论，"如果从几十年的时间周期来看，可以观察到经济和金融发展之间的大致平行性。"然而，诸如此类的研究只是表明了金融发展与经济发展之间的相关性。正如 Goldsmith 所说："然而，不可能有把握地确定二者之间因果机制的方向，即决定金融因素是否对经济发展的加速起到推动作用，或者金融发展是否反映了经济增长。这种因果关系的动力机制必须在其他方面去发掘。"虽然 Goldsmith 是不可知论者，但其他经济学家也在质疑金融发展不过是经济发展的附属品，这种质疑也确有其合理性。琼·罗宾逊（Joan Robinson）是这种观点的代表，她声称"企业先发展，金融紧随其后。"

　　在一篇重要论文中，Robert G. King 和 Ross Levine 采用事后的、人机工程学的方法研究了金融和经济二者之间的因果关系。他们的研究表明，金融发展的某些组成部分是未来 10～30 年经济增长的良好预测指标。换句话说，就是金融某些领域现在的发展情况，可以预测未来几十年经济相关领域发展的情况。然而，怀疑论者仍然可以提出一些反对因果关系的论据。

　　首先，金融发展和经济增长都可以由一个常见的遗漏变量驱动，例如经济中家庭的储蓄倾向。由于内生储蓄（在某些增长模型中）会影响经济的长期增长率，因此经济增长与初始金融发展之间存在相关性并不令人惊讶。这一论点也很难用简单的跨国回归实证来进行反驳。因为，在缺乏被广泛接受的增长理论的情况下，代表金融部门发展的遗漏变量可能很多，而这些变量都可能成为推断一个猜想的解释变量。

　　其次，金融发展——通常以信贷水平和股票市场规模衡量——可能仅仅因为金融市场预测未来经济部分增长而预测经济增长，因为股票市场将增长机会的现值资本化，而金融机构如果认为行业会增长，就会放贷更多。也就是说，金融会服务于成长机会更多的行业。因此，金融发展可能只是一个领先指标，而不是一个导致因果关系的因素。

　　有学者发现如果要在二者的因果关系上取得实质性研究进展的方法就是从金融发展影响经济增长的理论机制出发，关注细节，并陈述它们的作用路径。Raghuram G. Rajan 和 Luigi Zingales 这两位学者是这方面研究的先行者。他们在 1998 年发表了在金融研究领域非常有影响力的论文《Financial Dependence and Growth》，该论文指出金融市场和制度能够帮助企业克服道德风险和逆向选择问题，从而降低企业从外部筹集资金的成本。因此，金融发展应该不成比例地帮助那些通常依赖外部融资实现增长的公司（或行业）。这样的推理在逻辑上是行得通的。如果研究结论证实了这样的推测，那这样的发现无疑将成为本次因果关系辩论中的"确凿证据"。这个推理虽然简单，但它有两个优点。首先，它研究了金融影响经济增长的特定机制，为二者之间的因果关系检验提供了更强有力的证据。其次，它可以修正可能存在的固有的国家（和行业）效应。当然，他们研究结论的可靠性也取决于对微观经济假设的合理性。

　　在上述推理的基础上，他们进行了实证研究。构建如下测试：利用美国上市公司的财务数据，根据投资额与运营产生的现金之间的差额来确定某一个行业对外部融资的需求。假设美国的资本市场是相对完善的，尤其是研究所选取的大型上市公司，相对没有融资摩擦，那么，这种计算方法从技术上使他们能够确定一个行业对外部融资的需求。同时进一步假设，在美国各行业的发展特点代表了其他国家或地区的情况，也就是说，美国行业的外部融资需求与其他国家的一致。基于以上假设，他们检验了更依赖外部融资的行业是否在金融更发达的国家发展得相对更快。这意味着，在其他条件不变的情况下，像药品和制药这样需要大量外部资金的行业，在金融更发达的国家应该比需要很少外部资金的烟草行业发展得相对快。

他们首先做了简单的测试分析。例如，马来西亚、韩国和智利是中等收入且经济快速增长的国家，但它们的金融发展差异很大。根据他们的衡量标准，在金融最发达的马来西亚，药品和制药业在 19 世纪 80 年代的实际增长率比烟草高 4％（每个行业的增长率都根据全球范围内该行业的增长率进行了调整）。在经济中度发达的韩国，药品行业的增长率比烟草行业高 3％。在金融发展处于最底端的智利，药品行业的增长率比烟草低 2.5％。因此，金融发展似乎以预测的方式影响行业的相对增长率，这与他们之前的假设一致。为了在更大范围内、更一般的情况下对假设进行验证，他们更为系统地在很多国家和行业进行了规范的实证研究。

通过深入研究增长的组成，行业增长可以分解为机构数量的增长和现有机构平均规模的增长。新机构更可能是新公司，它们比老牌公司更依赖外部融资。因此，依赖外部融资的行业的企业数量的增长应该对金融发展表现得比较敏感。情况确实如此。他们的估计表明，金融发展对机构数量增长的影响几乎是其对单位平均规模增长的两倍。这表明金融发展影响增长的另一个间接渠道是不成比例地改善了年轻公司的发展前景，金融市场的事前发展促进了依赖外部融资的行业的事后增长。这意味着其他研究所确定的金融发展与经济增长之间的联系可能或者至少部分源于该理论所确定的作用渠道：金融市场和金融机构的发展降低了企业的外部融资成本。

他们指出，金融发展只是将公司从内部筹集资金的苦差事中解放出来，实质上最终推动增长的是有利可图的投资机会。毫无疑问，金融是经济发展这台机器的润滑剂，但它不能替代机器去运转。

当然，在 Raghuram G. Rajan 和 Luigi Zingales 这两位学者的研究之前，也有几位学者发表了类似的研究。例如，Asli Demirgiiq-Kunt 和 Vojislav Maksimovic（1996）使用微观数据来验证金融发展对增长的影响。他们使用公司层面的微观数据，估计出增长率超过仅由内部资源支持的增长率的公司比例，然后，进行跨国回归，发现这一比例与股市成交量和执法措施正相关。由于他们对公司内部增长率的估计取决于公司的自身特征，这种测量方法更具内生性。

Levine 和 Sarah Zervos（1998）对股票市场和银行是否促进了经济增长展开了研究。他们发现，衡量市场流动性的指标与经济增长、资本积累和产能密切相关。而令人惊讶的是，更传统的发展指标（如股票市场规模）与之相关性并不强。他们还发现，银行对私营部门的贷款和增长具有很强的独立影响。他们建立了一套衡量金融发展和增长的一套更丰富的衡量标准，但跨国回归方法也更传统。

刚才介绍的这两项研究提供了金融和经济之间更广泛的相关性的信息，而 Rajan 和 Zeagles 更倾向于得出一种金融发展与经济增长之间因果关系的作用机制。我们不妨将这两位学者的开创性研究进行一下认真的回顾与总结，他们精巧的研究设计对我们后面的研究具有指导意义。

从数据来源看，他们所能拿到的详尽数据是各国行业层面的（如果有公司层面的数据的话，也仅限于大型上市公司）。基于前期的理论分析和数据可得性，他们提出的假设是，在金融市场更发达的国家，更依赖外部融资的行业将具有相对较高的增长率。他们将研究模型的因变量设定为1980—1990 年国家各行业增加值的年平均实际增长率。研究的预期结论是，如果可以衡量行业对外部融资的依赖程度和国家金融发展水平，那么在校正国家和行业固定效应后（校正国家和行业特征的最有效方法是使用指示变量，即每个国家和行业设一个指示变量来代表国家效应和行业效应），就一定能得出外部融资依赖与行业发展之间的作用系数为正值。主要的解释变量为 1980 年各行业在某一国家工业增加值所占的比例以及行业的外部融资依赖与国家金融市场发展水平的交互项。Rajan 和 Zeagles 的研究模型如下：

$$Growth_{j,k} = \beta_0 + \beta_{1\ldots\ldots m} C_k + \beta_{m+1\ldots\ldots n} I_j + \beta_{n+1} SHARE_{j,k} + \beta_{n+2} EFD_j \times Finance_k + \varepsilon_{j,k} \quad (4-1)$$

模型中的 $Growth_{j,k}$ 为 k 国行业 j 的产值的增长率，C_k 和 I_j 分别代表 k 国和 j 行业效应的指示变量，$SHARE_j$ 为 1980 年 j 行业在 k 国工业增加值所占的比例，$EFD_j \times Finance_k$ 为 j 行业的外部融资依赖与 k 国金融市场发展水平的交互项。他们的研究模型相比当时的其他跨国研究来说，具有显著的优势，这种优势可以解释为，他们是根据国家和行业特征之间的相互作用来预测国家内部的行业差异。除此之外，他们还修正了国家和行业固定效应的影响，这使得研究尽可能避免了因遗漏变量造成估计偏差和模型设定偏误的潜在风险，这在以往的研究方法中是没有的。

接下来，就是寻找合适的变量衡量指标。首先关键的衡量指标就是如何测算外部融资量。通常人们是无法获得有关外部融资实际使用情况的数据。即使有，我们也不能直接使用，因为外部融资的数据只是反映外部资金需求和供应之间平衡的结果，真实的外部融资需求已经被掩盖。此外，还缺乏对不同行业的外部融资需求进行跨部门或者时间推移情况下的系统研究。因此，他们试图找到其他更合理的方法来确定一个行业对外部融资的依赖程度。首先，他们假设某些行业比其他行业更依赖外部融资是有技术原因的，这主要是基于不同行业之间在投资项目的初始规模、成长期、资金回收期和投资持续性等方面存在很大差异，这是显而易见的道理。举例来说，虽然不同国家之间存在巨大的地区差异，但以下情况是必然的，即如果与美国的纺织业相比，制药业需要更大的初始投资规模并且在获得净现金流入之前有更长的孕育期，同样的，制药业在韩国也需要较大的初始规模和较长的孕育期。这说明不同行业之间对外部融资的需求不是随机的，是与行业特征有关的，且这种行业的特征在国家之间是极为相似的。这个发现为计算行业的外部融资依赖提供了合理的切入点。

如何计算行业的外部融资依赖呢？他们用标准普尔 Compustat（1994）数据库的财务数据，来计算 20 世纪 80 年代美国公司的外部融资需求。但存在一个问题，那就是 Compustat 数据库不包含美国公司的代表性样本，因为它仅限于相对较大的上市公司。虽然如此，采用大型上市公司作为研究样本有两个优势：第一，在一个完美的资本市场中，企业的资金供给在适当的风险利率下是完全有弹性的。在这样的市场中，公司筹集的外部资金的实际数量等于其期望的数量。换句话说，在这样一个理想化的融资环境中，风险识别问题是不存在的。美国的资本市场是世界上最先进的市场之一，大型上市公司通常在融资方面面临的摩擦非常少。因此，美国大公司使用的外部融资数量可能是其对外部融资需求的一个相对纯粹的衡量标准或者真实反映。第二，使用上市公司数据库的另一个原因是，根据披露要求，上市公司披露的融资数据是全面的。结合前文的分析，他们使用一个行业中美国公司使用的外部融资金额作为同行业外国公司（假如在其金融市场发达的情况下）期望筹集的外部融资金额的替代。

接下来，他们根据研究需要，给出了外部融资和内部融资的定义。对通过同一业务产生的内部现金流无法满足融资所需金额，才会转向外部融资。因此，公司对外部融资的依赖被定义为资本支出减去经营现金流，再除以资本支出。经营现金流被广泛地定义为经营现金流的总和、加上存货减少、加上应收账款减少、加上应付账款的增加。事实上，在某些企业中，这些项目都代表了内部融资的主要来源（或用途），可帮助公司避免进行（或迫使其利用）外部融资。同样，对外部股权融资的依赖被定义为股权发行的净额与资本支出的比率。最后，投资强度是资本支出与不动产厂房和设备净值的比率。

具体的外部融资依赖指标计算过程如下：先将行业内每一个公司在1980—1989年对外部融资的使用金额相加，然后除以1980—1989年的资本支出总和，得到公司在1980—1989年对外部融资的依赖。这样做是为了平滑时间波动并减少异常值的影响。接下来，使用行业内所有公司外部融资依赖的中位数，作为某一行业的代表指标。这样做是为了防止小公司的信息被大公司掩盖。

在表4-1中，按照国际标准行业分类（ISIC）编码列出了美国公司外部融资的投资比例（第一栏）、资本支出水平除以净资产厂房和设备净值（第二栏）的行业指标值。基于数据可得性，他们选择了那些有来自联合国统计司（1993）的增值数据的制造业。我们通过两位学者的研究结果，可以得知美国当时的工业企业行业外部融资依赖情况。

表4-1　美国各行业的外部融资依赖

ISIC 编码	行业名称	全部企业		成熟企业		年轻企业	
		外部融资依赖	资本性支出	外部融资依赖	资本性支出	外部融资依赖	资本性支出
314	烟草业	−0.45	0.23	−0.38	0.24	—	—
361	制陶业	−0.15	0.20	0.16	0.41	−0.41	0.13
323	皮革业	−0.14	0.21	−1.33	0.27	−1.53	0.16

（续）

ISIC 编码	行业名称	全部企业		成熟企业		年轻企业	
		外部融资依赖	资本性支出	外部融资依赖	资本性支出	外部融资依赖	资本性支出
3211	纺纱业	−0.09	0.16	−0.04	0.19	—	—
324	制鞋业	−0.08	0.25	−0.57	0.23	0.65	0.260
372	有色金属冶金	0.01	0.22	0.07	0.21	0.46	0.24
322	服装业	0.03	0.31	−0.02	0.27	0.27	0.37
353	炼油	0.04	0.22	−0.02	0.22	0.85	0.28
369	非金属制品	0.06	0.21	0.15	0.22	−0.03	0.26
313	饮料	0.08	0.26	−0.15	0.28	0.63	0.26
371	钢铁	0.09	0.18	0.09	0.16	0.26	0.19
311	食品	0.14	0.26	−0.05	0.25	0.66	0.33
3411	造纸业	0.15	0.20	0.13	0.21	0.22	0.20
3513	合成树脂	0.16	0.30	−0.23	0.20	0.79	0.45
341	纸制品	0.18	0.24	0.10	0.23	0.57	0.29
342	印刷出版	0.20	0.39	0.14	0.33	0.60	0.41
352	其他化学品	0.22	0.31	−0.18	0.25	1.35	0.46
355	橡胶制品	0.23	0.28	−0.12	0.21	0.50	0.32
332	家具	0.24	0.25	0.33	0.17	0.68	0.29
381	金属制品	0.24	0.29	0.04	0.25	0.87	0.34
3511	基本肥料	0.25	0.30	0.08	0.24	0.79	0.29
331	木材	0.28	0.26	0.25	0.23	0.34	0.40
384	运输设备	0.31	0.31	0.16	0.28	0.58	0.31
354	石油和煤炭产品	0.33	0.23	0.16	0.26	−0.26	0.22
3843	机动车	0.39	0.32	0.11	0.33	0.76	0.32
321	纺织品	0.40	0.25	0.14	0.24	0.66	0.26
383	机械	0.45	0.29	0.22	0.25	0.75	0.33
3841	造船	0.46	0.43	0.04	0.34	1.05	0.56
390	其他行业	0.47	0.37	−0.05	0.28	0.80	0.49
362	玻璃	0.53	0.28	0.03	0.28	1.52	0.33
383	电子机械	0.77	0.38	0.23	0.29	1.22	0.46
385	专业仪器	0.96	0.45	0.19	0.33	1.63	0.52
3832	收音机	1.04	0.42	0.39	0.30	1.35	0.48
3825	办公用品	1.06	0.60	0.26	0.38	1.16	0.64
356	塑料制品	1.14	0.44	—	—	1.14	0.48
3522	药品	1.49	0.44	0.03	0.32	2.06	0.47

以上就是 RZ 计算得出的各个行业公司的外部融资依赖和资本性支出数据。数据来源于美国 Compustat 标普数据库。成熟公司指的是上市超过10 年的企业，年轻公司指的是上市少于 10 年的企业。表格内的行业是按照全部企业计算得出的外部融资依赖度从小到大排序的。数值越大，表示行业对外部融资的数量越大。可以看到，烟草和药品行业之间确实存在着巨大的外部融资差异。表格的第二部分和第三部分是成熟企业和年轻企业的外部融资依赖和资本支出比例。我们通过 RZ 的研究结果，计算了外部融资依赖与资本支出比例的相关系数，如表 4－2 所示。通过相关系数可以初步判断出，资本支出与外部融资依赖呈正相关关系。

表 4－2　外部融资依赖与资本支出比例相关系数

类型	全部企业外部融资依赖	成熟企业外部融资依赖	年轻企业外部融资依赖
全部企业资本性支出	0.81	—	—
成熟企业资本性支出	—	0.13	—
年轻企业资本性支出	—	—	0.71

美国是世界上金融市场最发达的国家，因此，有学者会问，美国行业的外部融资依赖程度能否代表其他发展中国家的情况呢？针对这个问题，RZ 也做了相应的研究。首先，从行业投资机会来说，正常情况下，企业的资金需求是处于静态均衡状态的，除非遇到技术变革而产生新的投资机会。这种情况下，技术的冲击是全球性的，因此，美国和其他发展中国家是同步的。其次，即使是技术变革机会在不同国家表现不一致，但常规经营活动的现金流与资本比率的大多数决定因素在世界范围内也是相似的，因为社会对某种产品的需求水平、产品处在生命周期中的阶段，以及项目的现金收获期在世界范围内都是相似的。再有的质疑就是说，20 世纪 80年代美国商品市场发展较早，产品所处的生命周期阶段可能比现在的发展中国家更晚，人们可能会认为 70 年代的美国工业可能更好地代表发展中国家在产品生命周期中的地位。为了验证他们所测量结果的稳健性，RZ也对 70 年代的行业外部融资依赖进行了测量，得出的结果与 80 年代的极为相似。

然后 RZ 测量了各个国家的金融发展情况。这是验证金融部门发达的国家，依赖金融的行业是否会"变得更好"的一个关键指标。因此外部融资的可用性不仅影响投资，还影响企业通过营运资金为运营和销售融资的能力。由于很多国家和地区的数据不可得、不可比等原因，要对其进行剔除，最后，他们选取了国际金融公司（IFC）公布的《新兴股票市场概况》中的 41 个国家。衡量一个行业"变得更好"的最恰当的衡量标准是该行业增加值的增长，即该行业在 1980—1990 年实际工业增加值的对数值变化（剔除生产者价格指数 PPI 的影响）。国内生产总值、生产者价格指数、汇率和工业生产指数均来自国际货币基金组织公布的国际金融统计数据。

　　他们测量金融发展的第一个衡量标准是国内信贷加股票市值再除以 GDP 的比率，称之为资本化比率。第二个衡量标准是一个国家的会计信息披露标准，具体而言，一个国家的财务披露标准要求越高，企业与资本市场的信息不对称就越低，那么公司就越容易从资本市场中筹集资金。两位学者的指标设计是非常严谨和恰当的，这为后面的实证分析结果的可靠性和科学性奠定了基础。

　　在进行具体实证建模时，分别使用了不同的金融发展衡量标准。回归模型的因变量是 1980—1990 年每个国家每个 ISIC 行业的实际增加值的年增长率。外部融资依赖是 1980—1990 年同一行业中的美国公司资本性支出中未由内部资金资助的比例。通过设置外部融资依赖与金融发展的交互项来验证二者的交互作用。在回归方法上，RZ 采用了固定效应回归模型，并控制了行业和地区的固定效应。表 4-3 是 RZ 的实证研究结果。

表 4-3　基准回归结果

变　量	金融发展的不同衡量标准					
	总资本	银行信贷	会计准则	1983 年会计准则	会计准则和总资本	工具变量
行业工业增加值占比	−0.912 (0.246)	−0.899 (0.245)	−0.643 (0.204)	−0.587 (0.223)	−0.443 (0.135)	−0.648 (0.203)
外部融资依赖×总资本	0.069 (0.023)	—	—	—	0.012 (0.014)	—
外部融资依赖×国内信贷	—	0.118 (0.037)	—	—	—	—

（续）

变　量	金融发展的不同衡量标准					
	总资本	银行信贷	会计准则	1983 年会计准则	会计准则和总资本	工具变量
外部融资依赖×会计准则	—	—	0.155 (0.034)	—	0.133 (0.034)	0.165 (0.044)
外部融资依赖×1983 年会计准则	—	—	—	0.099 (0.036)	—	—
R^2	0.29	0.29	0.35	0.24	0.42	0.35

注：括号内是异方差稳健标准误。

　　表 4-3 中的第一列显示，以总资本额作为金融发展的测量指标，其交互作用的系数估计为正且在 1‰ 的水平上具有统计显著性。更换其他指标，得到了相似的估计系数。初步说明，行业外部融资依赖与金融市场发展水平的交互作用为正向促进作用，即外部融资依赖度越高的行业，在金融市场越发达的地区，发展的速度会越快。

　　在表 4-4 中，展示的是 RZ 研究中三个外部融资依赖度最低的行业和三个依赖度最高的行业的增长率（剔除行业和国家效应后得到的剩余增长率）。我们发现，低于会计标准中位数的国家，依赖度最低的三个行业的剩余增长率为正，而依赖度最高的三个行业的剩余增长率为负。高于中位数的国家则相反。显然，这样的结果不是由某一个国家或行业的原因导致的，而是系统性的原因导致了这样的增长率差异，且这种差异是巨大的。

表 4-4　金融发展对不同行业实际增长率的影响

	低于会计标准中位数的国家	高于会计标准中位数的国家
	外部融资依赖度最低的行业	
烟草	0.53	−0.60
陶瓷	0.25	−0.30
皮革	0.77	−0.77
	外部融资依赖度最高的行业	
制药	−1.11	1.3
塑料	−0.21	0.21
电脑	−2.00	1.80

可以认为，会计标准越高，企业的信息不对称越小，金融市场发展越健康、越发达。那么，在发达的金融市场环境下，外部融资依赖度低的行业，受到金融发展对行业增长的促进作用小于在金融欠发达（低于会计标准中位数的国家）的地区。与此相反，在发达的金融市场环境下，外部融资依赖度高的行业，受到金融发展对行业增长的促进作用为正，且显著大于欠发达地区。这也从一定程度上验证了，越是发达的金融市场环境，对外部融资依赖度越高的行业的促进作用越大。

在得出初步结论之后，RZ 并没有止步，而是从多个方面验证了研究结论的稳健性。他们检查了融资依赖度的测量是否合理，检验主要通过两种方式：首先，检查该国过去的融资是否与该国产业的对外依存度有关。其次，检查不同的外部融资依赖度量下，研究的结果是否依然是稳健的。那么他们又是通过何种变量作为衡量外部融资依赖度的标准的呢？我们知道，总资本是对一个国家在过去筹集了多少资金的一个粗略衡量。如果外部融资依赖度可以作为美国之外的其他国家的某一行业对外部融资需求的一个代表指标，那么，更依赖于外部融资行业发展的国家应该拥有更高的资本化水平。基于以上考虑，RZ 得出了另一个衡量外部融资依赖的指标，即通过将一个行业对外部融资的依赖度乘以该行业在 1980 年对工业增加值的贡献率来计算每个国家的加权平均依赖度。不管他们使用什么衡量指标抑或使用年轻企业样本，得到的实证结果都是与之前的结果一致，甚至更好。

或许有人质疑他们的研究结果可能源于 20 世纪 80 年代美国的特殊性。为了打消这样的质疑，两位学者本着研究要有普适性的准则，选取了加拿大（主要因为加拿大是当时唯一一个企业资金流向等数据可以获取的国家）作为美国之外的研究样本。加拿大在很多重要的方面与美国有很大不同，比如其银行体系较集中，企业所有权也较集中，且两个国家的行业构成也不同。然而，用美国的行业数据衡量的外部融资依赖程度与在加拿大衡量的依赖程度之间的相关系数高达 0.77，且使用加拿大的融资依赖数据得到的交互项系数的估计值也为正值，且在统计学上显著。这进一步证明了 RZ 研究结论的稳健性。

总结 RZ 的研究，可以将他们的理论模型总结如图 4-1。

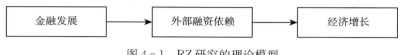

图 4 - 1　RZ 研究的理论模型

RZ 的研究是建立在严密的逻辑、精巧的设计以及精确的指标测量之上的，他们使用在当时还是比较先进的固定效应模型来进行实证研究，为后人的相关研究提供了方法论指导。在使用不同的测量指标、更换样本、排除内生性问题等稳健性检验之后，得出了一致的研究结果，那就是金融发展会促进外部融资依赖的行业更快地发展。外部融资依赖度可以看成是金融影响经济发展的通道。可以从以下几个方面来解释这个影响机制，首先，金融发展可以降低企业的外部融资成本，让需要外部融资的企业可以以更低的代价来筹集资金；其次，由于金融市场追逐成长机会的特性，金融市场可能会促进经济的长期发展。最后，金融发展可能在新公司的崛起中发挥特别有益的作用。这些新成立的公司往往成为大多数创新的来源，那么金融发展可以通过促进创新来间接地促进经济长效增长。这个研究结论把金融与经济发展的因果关系论证向前推进了一大步。论文一经发表，就引起了学界的重视。

自 RZ 经典之作发表之后，行业外部融资依赖的研究和应用越来越广。

4.2　外部融资依赖研究的发展

RZ 基于美国以及其他国家的数据，建立了行业层面经济增长模型，模型包括了行业和国家的固定效应，以及一个行业对外部融资的技术需求与一个国家金融发展水平之间的交互项。RZ 发现在控制行业和国家的固定效应后，模型中交互项的系数为正，且通过了统计显著性检验。他们的结果表明，在资本市场较发达的国家，相对更需要外部融资的行业发展得更快。RZ 的研究引起了学术界的极大关注，很多学者开始注意到了外部融资依赖这一特性对企业发展的重要作用。在 RZ 研究的基础上，学者们将外部融资依赖的相关研究进行了范围和深度的拓展。

4.2.1 对 RZ 研究的验证

截至目前，RZ 的论文 "Financial Dependence and Growth" 仍然排在经济领域高被引论文的前 100 位，引用量超 10 000 次。他们的研究是开创性的、启发性的。因此，在 RZ 发表他们的代表性论文之后，各国学者追随他们的研究，利用不同层面的数据对 "金融发展对外部融资依赖行业的企业发展促进作用更大" 这一研究结论进行了检验。同时，对于 RZ 提出的行业外部融资依赖度的计算方法，以及关于利用美国行业数据计算得出的外部融资依赖度可推广至其他地区或国家的做法进行了验证。

RZ（1988）研究的基本假设之一即通过美国 Compustat 数据库的企业数据计算得出的美国行业外部融资依赖度可以代表其他国家或地区的行业水平，正如 RZ 提到的 "有些行业比其他行业更依赖外部融资，这是有技术原因的……这些技术差异在国家之间持续存在，因此我们可以用在美国确定的一个行业对外部资金的依赖程度来衡量这个行业在其他国家对外部融资的依赖程度。" 紧随其后的多位学者利用他们给出的行业外部融资依赖度进行了相关研究，都得出了金融发展对外部融资依赖度高的行业促进作用更大的结论。很少有人质疑行业的外部融资依赖程度是否真的是一个行业部门的基本特征，并在长期以及全球范围内可以通用。

2007 年，ÉCONOMIE INTERNATIONALE 发表了一篇 "Dependence on External Finance by Manufacturing Sector: Examining the Measure and its Properties" 的研究论文，作者是 Furstenberg & Kalckreuth。Furstenberg & Kalckreuth 两位学者对这一论断提出了质疑，并使用美国 1977—1997 年间的 21 个行业部门的企业微观数据来计算外部融资依赖度，他们发现，从微观数据计算出的外部融资依赖数值与经周期调整的总体估计值是不一致的。这个结论并不支持美国不同行业的外部融资依赖度是具有普遍代表性的，或者说是基本的行业特征。并提出，其他学者后期在使用行业的外部融资依赖数据的时候要进行调整以适应不同国家或地区的现实状况。

RZ 给出了一系列作为一些部门比其他部门更依赖外部融资的技术因素，如项目初始的规模、项目孕育期、现金收获期和所需后续投资数额等的差异。但 RZ 没有测试这些指标是否如预期的那样与分行业部门衡量的外部融资依赖度指标相关。事实上，他们列出的企业 EFD 值的影响因素很可能仅限于企业的初创阶段和随后的任何快速增长阶段。这个猜想也被其他人直接证明过了，理由就是由年轻企业和小企业组成的行业拥有最高的现金流敏感度以及最高的外部融资依赖值。同时，考虑到很多大公司的成长经历，比如微软公司就经历了内部资金从不足到充裕的过程；美国汽车业已陷入急剧衰退等，将企业按规模、年龄和融资需求划分的部门分布不太可能是一成不变和普遍适用的。

这些原因导致学者产生了要对 RZ 计算得出美国行业外部融资依赖度是否是这些行业部门基本的、持久的特征，以及能否在其他国家和地区普遍适用的假设进行验证的想法。他们的原假设就是，按行业部门划分的外部融资依赖度相关度量不能反映美国这些部门的基本的、持久的和普遍的结构或技术特征。如果原假设不能被拒绝，那么在其他国家开展行业的外部融资依赖研究时，将不支持直接使用这些来自美国行业的外部融资依赖度量；或者说，如果原假设不能被拒绝，那么就不能直接将美国行业的外部融资依赖度数据应用到其他国家。

为了解决行业日趋成熟和融资需求不断变化的问题，RZ 对"所有"公司中的"年轻"和"成熟"公司给予了单独的关注，并对行业中企业数量的增加而非平均规模的增加产生增长的程度给予了关注。RZ 发现，虽然金融市场的发展对公司数量的增长有不成比例的影响，但外部融资依赖度的度量和一系列金融发展的代理之间的相互作用对公司平均规模的增长在统计上并不显著，而且出乎意料的是，对"年轻"公司的影响要比对行业内"所有"公司的影响弱得多。因此，正如 RZ 所认为的，目前仍不确定不同行业外部融资依赖度差异的背后究竟是什么导致了这些结构/技术差异。RZ 同样拒绝金融发展只是伴随经济发展的假设。然后，他们将在美国观察到的行业外部融资依赖度值作为工业部门的基本特征，与其他41 个国家的金融发展程度进行交互作用，以确定其制造业部门的增长结构。

外部融资依赖度是否可以被视为美国制造业部门的一个基本特征，外部融资依赖度是否因行业划分而锚定在稳定的基本范围上，可能会对财务分析产生广泛的影响，超出 RZ（1998）提出的工作范围。这个问题不能用 RZ 对企业外部融资依赖度排序后的中位数的数据进行检验，因为位于中位数位置上的企业在其他方面可能不具有行业代表性。因此，Furstenberg & Kalckreuth 两位学者并没有沿用 RZ 的数据来源，因为 Compustat 将每个公司分配到一个单一的标准工业分类（SIC）下，即使该公司可能在多个部门有业务，但该分类是按照公司最大的业务部门来归类，他们使用了更丰富的宏观经济数据源。主要数据来源于美国商务部经济分析局（BEA）的美国产业级数据，而不是公司级数据，BEA 数据代表了整个行业部门，而不是用基于 compustat 数据库的交易所上市的美国公司的中位数（按外部融资依赖度大小排列的）来代表每个行业。

由于上市公司的规模较大，它们可能是经营若干生产部门的综合企业集团，而在某一特定 SIC 级别的机构在这方面则同质得多。与 RZ 关注的外部融资依赖不同，该研究从内部融资依赖（RIF）的角度来验证行业的融资依赖特征。外部融资依赖和内部融资依赖的衡量关系如下：

$$RIF_{i,t}=1-EFD_{i,t} \qquad (4-2)$$

根据 Furstenberg & Kalckreuth 的新数据，得出了与 RZ 不同的行业外部融资依赖度，如表 4-5 所示：

表 4-5 两种行业外部融资依赖值（EFD）对比

行业	RZ 的 EFD	调整的 EFD	均值差异 t 值
木材	0.28	−2.68	5.228
家具	0.24	−0.90	6.514
石黏土玻璃	0.20	0.03	1.091
初级冶金	0.06	−0.05	0.107
金属制品	0.24	−1.20	13.202
机械	0.63	−0.65	7.094
电子机械	0.96	−0.86	4.995
机动车	0.39	−1.38	2.921
其他交通工具	0.33	1.23	−2.778
专业仪器	0.96	0.48	1.433
其他制造业	0.47	−3.28	10.188

（续）

行业	RZ 的 EFD	调整的 EFD	均值差异 t 值
食品和饮料	0.13	1.23	10.231
烟草	−0.45	−1.12	1.406
纺织品	0.14	−0.22	5.609
服装业	0.03	−2.36	13.629
造纸业	0.16	−0.20	5.188
印刷业	0.20	−1.24	16.563
化工产品	0.48	−0.85	7.887
汽油和煤炭产品	0.08	0.86	−2.333
橡胶和塑料	0.96	−0.14	9.025
皮革制品	−0.12	−4.53	6.392

通过对比两种数据来源，采用两种计算方式得出的行业部门的外部融资依赖度数值，发现大多数的差异是显著的，通过了 t 检验，只有"石黏土玻璃""初级冶金""专业仪器""烟草"行业的差异不显著。可见，每个行业的外部融资依赖度在不同的数据来源及不同的计算方式下，是不同的，这也吻合 RZ 计算得出的外部融资依赖度并非稳定的、通用的行业特征这一假设。

某一国家或地区的金融发展，以及通过教育总体水平、法律和制度建设，伴随技术先进程度等相关因素，对那些能最大限度地利用这些国家资源开展生产经营活动的实体特别有利。金融发展还可以减少企业外部的融资障碍，那么，（a）对外部融资的依赖程度是行业部门的基本和普遍特征，（b）可以从 RZ 所提供的美国的 1980—1989 年的数据中推断，任何国家的金融发展水平较高或不断发展，都可以预期其会促进与 RZ 的外部融资依赖度较高行业相一致的行业部门的增长。以上两个推断是否成立呢？Furstenberg & Kalckreuth 两位学者基于新的数据源，给出了不一样的答案。引发他们质疑的一个显而易见的原因在于 RZ 用来代表该行业的中位数公司除了位于在美国交易所上市的第 i 行业公司的 EFD 值分布的中位数之外，没有明确的特征表明其具有行业代表性。

为了将诸如 EFD 等外部融资比率与按部门衡量的这些指标的潜在基

本决定因素联系起来，Furstenberg & Kalckreuth 使用了一个更丰富、更具有代表性的数据库。这个数据库覆盖了一个部门的所有机构的 21 年的财务信息，并提供了 21 个部门的经济状况的年度数据。通过 Furstenberg & Kalckreuth 计算得出的 RIF 周期调整值与 RZ 的 EFD 的相应平均值进行匹配比较，发现 RZ 关于行业外部融资依赖的度量无论是从时间跨度上，还是企业数量上，都不能代表整个行业。即便是 Furstenberg & Kalckreuth 两位学者对自己的研究结果也不自信，认为 RIF 周期调整值不能反映美国这些行业部门的基本的、持久的和普遍的结构/技术特征。尽管 RIF 周期调整值是根据一个行业部门中所有参与活动的机构的数据构建的，这样的衡量标准必然比 RZ 基于交易所上市公司的中位数的衡量标准更能代表该行业的状况，但它依然不能成为美国行业外部融资依赖程度的代表性指标，更不能在其他国家和地区推广应用。

企业自身的其他因素，如成立时间、规模、所有权结构、企业的组织和潜在增长率（Demirguc-Kunt & Maksimovic，1998），可能比企业所属的美国制造业部门的行业外部融资依赖值更能代表企业对外部融资依赖的普遍特征。另外，由于产业存续和比较优势的变化，不同国家、不同时期下，会有不同部门站在增长最快的位置上，这个增长速度与金融发展的关系不大。

根据以上分析得出了一个结论，那就是总体而言，企业融资结构和对外部融资的依赖主要反映了在不断发展的金融市场和国家环境中，其拥有独特资源、机会和约束的情况下，企业所采取的动态融资战略。既然如此，在使用 RZ 的外部融资依赖的概念时，就要因地制宜，不能简单地套用，而是要结合国家和产业发展的情况，进行"本土化"。

2009 年，中国学者李连发和辛晓岱在《金融研究》杂志上联合发表了《外部融资依赖、金融发展与经济增长——来自非上市企业的证据》，利用 33 个国家和地区的非上市企业微观数据直接验证了 RZ 研究结论的科学性，即越是依赖外部融资的企业，其发展受到金融发展的影响越大。同样是借鉴了 RZ 的研究模型设计思想，将外部融资依赖程度与金融发展程度的交互项引入模型，作为主要的解释变量，实证模型如下：

$$企业投资增长_{i,j} = \alpha + \beta 外部融资依赖_{i,j} + \gamma(外部融资依赖_{i,j} \times$$

$$金融发展程度_j) + \sum_{k=1}^{n} \delta_k 国家特征_{k,j} +$$

$$\sum_{h=1}^{g} \varphi_h 行业特征_{h,i} + \sum_{l=1}^{m} \eta_l 企业特征_{l,i} + \varepsilon_{i,j}$$

$$(4-3)$$

被解释变量是国家 j 中的企业 i 在 2000 年去除通货膨胀率之后的投资增长率，这个变量主要是描述经济的增长。模型中交互项的系数 γ 是实证检验的关键。如果交互项系数显著为正，就说明企业依赖外部融资越多，金融发展对企业增长的促进作用就越显著。

企业外部融资的主要途径为银行借款和企业股份转让。本次研究使用的样本是非上市企业，较少通过股份转让进行外部融资，因此，样本企业主要的外部融资途径为银行借款。研究中，使用银行借款占固定资产投资的比重作为企业外部融资依赖度的指标。研究者使用了来自世界银行的 WBES 数据库的企业数据，该数据库涵盖了不同国家行业企业的信息，能够准确得到样本企业的投资增长率和外部融资依赖度等指标结果，避免了人为估算带来的偏差，同时还可以获得同一行业在不同国家的外部融资依赖度（RZ 是用美国行业的外部融资依赖度作为其他国家的行业替代值）。这种测量方式也是从微观企业数据入手，相比于 RZ 的行业数据更能体现各国行业特性和企业的特征。本次研究他们获得了 33 个国家（其中包括 24 个发展中国家和 9 个发达国家）的 1 056 个企业样本。使用 2SLS 方法得到了实证结果，如表 4 - 6 所示。

回归结果表明，第一列中企业外部融资依赖度即银行借贷率的回归系数 β 为负值，且在 10% 的水平上显著。第二、三列回归系数不显著。交互项系数 γ 在三个金融发展指标的回归中分别为 2.246、1.383 和 1.326，都为正值，且前两个回归系数都通过显著性水平 5% 和 10% 的检验。这初步说明金融发展与企业外部融资依赖的交互作用为正，即企业的外部融资依赖度越高，金融发展对企业增长率的促进作用越大。这与 RZ 在 1998 年所做的研究结论是一致的。这也从微观企业数据层面验证了 RZ 研究的科学性。

表4-6 金融发展程度、外部融资依赖和企业增长关系

被解释变量	企业投资增长率		
	采用不同金融发展指标解释投资增长率		
	（1） 银行资产	（2） 私人信贷	（3） 流动性负责
外部融资依赖度	−1.408* (0.774)	−0.187 (0.212)	−0.333 (0.346)
银行借贷率	2.246** (1.036)		
外部融资依赖度与金融 发展程度的交互作用项		1.383* (0.797)	
			1.326 (0.869)
国家特征变量	控制	控制	控制
行业特征变量	控制	控制	控制
企业特征变量	控制	控制	控制

注：* $P < 0.10$，** $P < 0.05$；括号内为标准误。

　　研究还发现，在把模型中涉及外部融资依赖的两项系数进行合并后，会得到外部融资依赖对企业投资增长的整体效应，变为"$\beta + \gamma \times$ 金融发展程度"，这表明企业外部融资依赖对企业投资增长的影响取决于"$\beta + \gamma \times$ 金融发展程度"的方向和大小，尤其是受到金融发展程度的影响最大。

　　研究结论表明，国家层面的金融部门功能强化，可以降低企业融资过程中的信息不对称，进而降低外部融资成本。因此，可以认为金融发展至少可以通过降低外部融资成本这一途径，对经济增长起到促进作用。这一研究从微观视角为分析金融发展对经济增长的作用提供了新的证据。可以说，这一篇研究论文是中国学者首次对外部融资依赖进行了深入的分析。

　　同样，全球范围内对 RZ 研究的验证和改进工作仍在继续开展。近年来，比较有代表性的是在 2017 年欧洲 Systemic Risk Centre（SRC）的一篇讨论论文，作者为 Peter S. Eppinger 和 Katja Neugebauer。在这篇论文中，研究者利用"European Firms in a Global Economy"（简称 EFIGE）数据库中的一个特有的调查问题来检验 RZ 的外部融资依赖指数在七个欧洲国家的适用性。

他们利用调查问卷对外部融资依赖度进行了测量。EFIGE 调查组同时向七个欧洲国家的 14 364 家制造公司发出调查问卷，提出的调查问题是询问企业对外部融资依赖的主观判断，具体问题是"在贵公司所在的行业中，公司对外部融资的依赖程度如何？请给出您的答案，请使用从 1（完全不依赖）到 5（非常依赖）的分数进行评分。"然后，取每个国家每个行业的算术平均值作为某一国家某一行业的外部融资依赖值。这种以调查方式获取行业外部融资依赖度的做法尚属首次。

为了验证 RZ 以美国行业数据为基础计算得出的 EFD 指数的普适性，他们用调查（来自 EFIGE）得到的行业外部融资依赖度与 RZ 基于美国行业数据（来自 Compstat）得到的行业外部融资依赖度做了相关性分析，以此来检验 RZ 研究结论是否适合欧洲国家，相关结果如表 4-7 所示。

表 4-7　欧洲国家与美国行业 EFD 指数相关系数

	美国	奥地利	德国	西班牙	法国	英国	匈牙利	意大利
美国	1.00	−0.271	−0.020	0.889	−0.168	−0.209	−0.065	0.110
奥地利		1.00	−0.077	0.561**	0.289	−0.370	−0.326	−0.541**
德国			1.00	0.274	0.428**	−0.117	0.293	0.360*
西班牙				1.00	0.518**	−0.120	0.211	0.194
法国					1.00	0.076	−0.044 6	0.025
英国						1.00	0.283	0.339
匈牙利							1.00	0.398*
意大利								1.00

注：* $P<0.10$，** $P<0.05$。

表 4-7 第一行展示了美国行业 EFD 指数同 7 个欧洲国家的行业 EFD 的相关性结果，可以看到，除了西班牙和意大利的相关系数为正外，与其他国家相关性表现为负值，且所有的相关系数都没有通过显著性检验。显然，这样的结果与 RZ 提出的 EFD 指数在不同国家间具有一致性的假设是相悖的。从不同国家间的 EFD 相关系数来看，在 21 个两两国家组合中，相关系数显著为正的国家只有 5 对，它们是：奥地利和西班牙，德国

和法国，西班牙和法国，德国和意大利，匈牙利和意大利。这说明从世界范围来看，各国的行业外部融资依赖程度是相差很大的（当然，我们不能排除造成这种结果的原因可能与调查方法有关）。不管是从美国与其他国家的行业外部融资依赖度相关性来看，还是从欧洲其他国家之间行业外部融资依赖程度的相关性来看，都可以得出一个结论，那就是：RZ 得到的美国行业的 EFD 指数并不是放之四海而皆准的。换句话说，进行外部融资依赖程度相关研究，应该基于国家的行业或企业数据计算外部融资依赖度，而不能简单套用其他国家的研究结论。本书后面开展的实证研究正是基于以上观点，选择利用中国上市公司的企业数据计算我国的行业外部融资依赖程度。

Eppinger 和 Neugebauer 两位学者还对金融危机是否通过外部融资依赖这一渠道影响企业绩效展开了研究，以期通过检验金融市场的负面效应与企业发展的关系来验证行业外部融资依赖度在金融发展与经济增长间的传导机制。他们的研究模型如下：

$$\Delta \ln Y_{cijt} = \beta Crisis_{ct} \times EFD_{cj} + \delta_{ct} + \delta_{cij} + \varepsilon_{cijt} \qquad (4-4)$$

式中，$\Delta \ln Y_{cijt} \equiv \ln Y_{cijt} - \ln Y_{cij,t-1}$ 衡量处在国家 c 行业 j 公司 i 在第 t 年的实际业绩增长，具体用销售额、雇员数量、劳动生产率和出口额来衡量。EFD_{cj} 是行业 j 的外部融资依赖度，$Crisis_{ct}$ 是一个虚拟变量，表示国家 c 在 t 年是否发生了金融危机（是＝1，否＝0），模型还控制了国家特征和企业特征的固定效应。理论上讲，如果某个国家遭遇金融危机，会对信贷产生负面影响，银行将收紧现有的信贷，受信贷约束的公司会减少资金的投入和产出的数量。毋庸置疑，这种影响在依赖外部融资行业的企业中表现得更为明显。基于这种假设，β 的值应该为负值。

两位学者基于两种不同的 EFD 指数采用 OLS 回归方法展开了实证研究，本书对估计结果进行了对比分析。表 4-8 的结果表明，交互项系数 β 的值在不同的因变量取值下，都显著为负，这证实了外部融资依赖行业的企业在金融危机中受到的融资约束更大。然而，采用 RZ 的 EFD 指数进行回归，发现交互项对雇员数量和出口额的影响接近于 0（表 4-9 所示），仅对销售额和劳动生产率增长的回归系数为正值，但数值也很小。对比两种 EFD 指数的回归结果，发现使用第一种 EFD 指数的实证结果更符合理论预期和欧洲国家的实际情况。

表 4 - 8　OLS 回归结果（基于 EFIGE 获得的 *EFD* 指数）

	销售额	雇员数量	劳动生产率	出口额
$Crisis \times EFD$	-0.075^{**}	-0.041^{*}	-0.080^{**}	-0.083^{**}
	(0.036)	(0.024)	(0.036)	(0.032)
国家变量	控制	控制	控制	控制
企业变量	控制	控制	控制	控制

注：$*P<0.10$，$**P<0.05$；括号内为标准误。

表 4 - 9　OLS 回归结果（基于 RZ 的 *EFD* 指数）

	销售额	雇员数量	劳动生产率	出口额
$Crisis \times EFD$	0.010^{**}	0.001	0.011^{**}	0.003
	(0.005)	(0.002)	(0.004)	(0.012)
国家变量	控制	控制	控制	控制
企业变量	控制	控制	控制	控制

注：$*P<0.10$，$**P<0.05$；括号内为标准误。

这个研究的结论旨在建议各国的学者，在开展外部融资依赖相关研究时，不要完全依赖 RZ 两位学者的美国行业 EFD 指数，而是要结合不同国家的特质，找到适合的、衡量所在地区的行业外部融资依赖的方法，避免出现"基准偏差"。

4.2.2　EFD 与政府行为相关研究

2005 年，Ari Hyytinen 和 Otto Toivanen 在《Policy Research》上发表了《Do financial constraints hold back innovation and growth? Evidence on the role of public policy》一文，旨在研究政府制定的公共政策是否可以改善资本市场的不完善，以促进创新和增长。他们的研究是将 Rajan 和 Zingales 前期提出的方法应用于公司层面，这是对 Rajan 和 Zingales 所研究的行业外部融资依赖的拓展。Hyytinen 和 Toivanen 使用芬兰中小企业的数据进行了实证研究，提供的证据表明，资本市场的不完善阻碍了创新和增长，公共政策可以补充资本市场。研究结果表明，政府资助不成比例地帮助了依赖外部融资行业的公司。

在这篇研究论文中，他们借鉴了 RZ 关于计算行业外部融资依赖的方法和研究设计思路，并在两个方面进行了修改。第一，更换了金融发展的衡量指标。他们使用了一个国家范围内中小企业对政府资金的区域可得性作为金融发展的衡量指标。原因在于，RZ 认为，金融发展通过帮助企业以合理的成本从企业外部筹集资金，将企业从内部筹集资金的局限中解放出来。同样的道理，Hyytinen 和 Toivanen 认为，如果政府资助成功地修正了资本市场的不完善，它应该会产生同样的结果，即可以帮助企业以较低的资金成本从外部资本市场筹得资金。第二，他们将研究的视线重点转移到跨区域以及行业差异对公司层面变量的影响。通过关注公司层面的表现，可以纠正地区和行业特征。重要的是，还可以同时解决反向因果关系问题（这是金融发展和经济增长关系研究中的一个重要问题），以及选择样本偏差问题（这是政府资助和企业绩效研究中的一个重要问题）。

Hyytinen 和 Toivanen 将修改后的方法应用于芬兰中小企业的公司层数据。使用这些数据，他们从芬兰金融中心和首都赫尔辛基大都市地区的中小企业数据中确定了某个行业对外部融资的需求。在赫尔辛基资本市场相对无摩擦的假设下，可以得到行业对外部融资的技术需求。与 RZ 一样，他们进一步假设这种技术需求可以广泛代表芬兰的其他区域。然后，研究政府资金的可用性（赫尔辛基大都市地区以外）是否有助于外部融资依赖行业的公司的创新和增长。结果表明，中小企业面临着一条向上倾斜的资本供给曲线，中小企业融资市场是不完善的。这与他们一开始声明的金融约束阻碍创新和增长的观点以及政府资助可以缓解资本市场不完善的假设是一致的。可以用图 4 - 2 展示他们的假设。

理论模型涉及的变量主要是横轴上的研发投资、销售增长率和纵轴上的边际收益率和资金边际成本。资金边际成本（MCC）曲线反映了投资和扩张的机会成本。在不完善的资本市场中，一开始它是水平的，因为公司有可用的内部资金，但当研发投资和规模扩张超过一定程度时，资金边际成本（MCC）曲线会向上倾斜。这是因为在资本市场不完善的情况下，会存在信息不对称现象，由此引发逆向选择和道德风险等问题，此时的资金边际成本将会是融资金额的增函数。MCC 曲线抓住了这样一种观点，

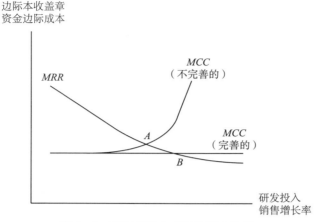

图 4-2　不完善资本市场的影响效果

即在资本市场不完善的情况下，公司增加外部资本的使用最终会推高资金的边际成本。在完善的资本市场中，MCC 曲线总是水平的。但是这种情况在现实中是不会发生的。

边际收益率（MRR）曲线向下倾斜，因为企业总是优先开展投资报酬率较高的项目，并按照预期回报降序排列后续的投资。或者对同一投资项目而言，随着投资数额的增加，边际报酬会呈现下降趋势。因此，按照边际报酬递减规律，MRR 曲线必然是向下倾斜的。

这个基本的理论模型预测，在存在外部融资摩擦的情况下，与不依赖外部融资的中小企业相比，由于外部融资成本递增趋势，依赖外部融资的中小企业更有可能无法追求某些创新和增长机会。原因显而易见，因为外部融资约束的存在，让企业面临投资机会时捉襟见肘。

那么在资本市场不完善的地区，政府资助的重要性在哪里呢？将政府资助发放给中小企业会产生两种影响：第一是直接为企业提供低成本的外部资本，直接影响就是推动了 MCC 曲线的右移，即允许中小企业以更低的资金边际成本来进行外部融资，这就为中小企业提供了更多可自由支配的资金，用于创新和扩大规模的投资；第二是政府资助行为间接地向公司的股东和其他（潜在的）投资者传达有关公司运营质量的信息。根据"信号理论"，这将会减少企业和资本市场的信息不对称，减少企业的融资摩擦，降低了外部资金的成本，这一间接影响的结果就是让 MCC 向下移动，并导致了 MCC 斜率的变缓。最终，政府资助会将企业融资的均衡点定位在 D* 处（图 4 - 3）。当然，这个推理的前提是企业是依赖外部融资的。

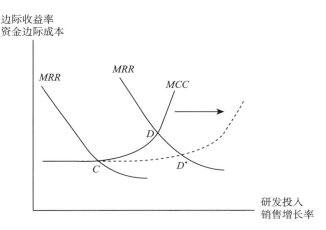

图 4 - 3　MCC 曲线平移效果

综上，该模型提出的假设是，如果资本市场存在重大缺陷，政府资助应该更明显地促进那些外部融资依赖行业的公司。为了证明这一研究假设，Hyytinen 和 Toivanen 在 RZ 实证方法的基础上，建立了以下模型：

$$Y_i = \alpha + \beta(External dependence_j \times Government funding_a) +$$
$$\Phi_1 \times Industry dummies_j + \Phi_2 \times Area dummies_a + \qquad (4-5)$$
$$\Phi_3 \times Controls_i + Error_i$$

模型中，下标 i 表示公司，j 表示行业，a 表示地区，α 和 β 是参数，系数 Φ_k（$k=1$，2，3）表示参数的向量。他们的研究试图验证在资本市场不完善的情况下，交互项的系数估计值显著为正。这与 RZ 的研究设计是一致的，但也有很大的区别，主要表现在衡量外部融资依赖的方法上。

因为芬兰的资本市场并不发达，所以中小企业在进行外部融资时存在较大摩擦，实际融资额仅仅是反映企业外部融资供需平衡之后的结果（这一点非常重要），如果按照 RZ 衡量行业外部融资依赖的方法计算，得到的行业外部融资并不能反映企业对外部融资的真实需求。换句话说，在存在融资摩擦的情况下，企业外部融资数量会受到外部资本供应量的限制，融资额更多地反映了资本能供给多少，而不是企业实际需要多少。这也给我们的研究提供了启示，中国的资本市场也是不完善的，在计算行业的外部融资依赖时，不能照搬 RZ 的衡量方法，要选择合适的样本企业，尽量排除外部融资摩擦的因素，否则得到的行业外部融资依赖将是不合理的。

Ari Hyytinen 和 Otto Toivanen 借鉴了 RZ 的思想，认为某些行业比其他行业更依赖外部融资是有技术原因的，并且这些技术差异在不同的地理区域上具有一致性。于是，他们在赫尔辛基资本市场相对无摩擦的假设下，基于赫尔辛基大都市地区运营的中小企业数据来确定一个行业对外部融资的需求，然后将这个行业的融资依赖度应用到芬兰的其他地区。通过选择金融市场最发达地区的企业作为计算外部融资依赖的基础，旨在尽可能地减少融资摩擦对企业外部融资的限制，让计算出来的外部融资依赖度能反映企业的真正需求，而不是停留在一个仅反映资本供求平衡的外部融资数额。

他们采用了四种方式来衡量行业的外部融资依赖性。方法 1：计算可归属于公司外部人员（即既不属于管理层也不属于公司人员的投资者）的总债务和股权比例。方法 2：利用融资计划模型，计算公司实际增长率和预期最大可持续增长率之间的差异，来表征企业的外部融资需求。其他两种衡量方法则是：如果上一财年的资产回报率为负，则将公司归类为依赖外部融资；如果企业家在调查中回答公司当前的盈利能力并不比过去三年的平均水平好，则将公司归类为依赖外部融资。为了汇总赫尔辛基大都市地区公司的四项指标，得到行业的外部融资依赖度，他们计算了行业平均值。以上四种外部融资依赖的方法都是基于企业微观财务数据计算的，这与 RZ 选择行业中位数的方法来确定行业 EFD 数据的方法不同。

随后，他们用四种不同的行业外部融资依赖度指标进行了 tobit 回归。本研究对两位学者的实证结果进行了汇总展示。表 4-10 中 Panel A 报告了因变量为研发投资的回归结果，Panel B 报告了因变量是企业增长的回归结果。模型（1）—模型（4）分别对应了四种不同的外部融资依赖度的测量指标，可以看出对于研发投资来说，只有模型（2）的交互项回归系数不显著，其他三项都通过了显著性检验。对企业增长来说，除模型（1）

交互项不显著，其他三项都通过了显著性检验。实证结果整体上表明政府资助对外部融资依赖行业企业的促进作用更明显。

表 4-10　Ari Hyytinen 和 Otto Toivanen 的实证结果汇总

Panel A	因变量：研发投资			
	模型（1）	模型（2）	模型（3）	模型（4）
政府资助×外部融资依赖1	26.88 (2.04)			
政府资助×外部融资依赖2		13.02 (1.54)		
政府资助×外部融资依赖3			29.73 (3.46)	
政府资助×外部融资依赖4				22.21 (2.41)

Panel B	因变量：企业增长			
	模型（1）	模型（2）	模型（3）	模型（4）
政府资助×外部融资依赖1	12.22 (1.8)			
政府资助×外部融资依赖2		10.39 (2.2)		
政府资助×外部融资依赖3			19.93 (4.15)	
政府资助×外部融资依赖4				14.83 (2.89)

注：括号内为标准误。

他们的研究表明，在更依赖外部融资的行业中，当企业有更多的政府资金可用时，他们在研发方面的投资会相对更多，并且，它们的企业增长更好。另一个重要的发现就是，政府资助可以弥补资本市场的不完善。这一研究结论对本书实证部分关于政府研发补贴对企业创新活动的影响研究非常具有启示意义。根据以上分析，可以画出该研究的理论分析模型，如图 4-4。

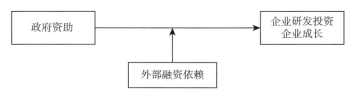

图 4-4　Ari Hyytinen 和 Otto Toivanen 研究理论模型

　　这项研究是将 RZ 研究的一次重要推进，是从微观企业数据层面来计算行业外部融资依赖衡量方法的一次创新，同时，也是从 RZ 研究美国发达资本市场到研究不完善资本市场的一次扩展。

　　随着全球学者对 EFD 研究的不断深入，其研究领域不断扩展。学者们将外部融资依赖作为企业、产业、地区等重要的特征，引入到企业创新、产业发展和地区发展中去，借此揭示外部融资依赖在宏观环境和微观企业之间的作用。安苑和王珺（2014）也关注到了外部融资依赖在政府财政行为与产业成长之间的传导机制，从产业外部融资依赖的视角出发，研究了地方政府的财政行为对产业成长以及产业结构调整的影响。

　　宏观的经济波动是影响企业外部融资成本的一个重要因素，经济下行往往会对产业的发展产生不利影响。融资结构会进一步影响产业成长，进而影响产业结构。而政府的反周期财政行为旨在平抑经济波动对产业的不利影响。那么对于不同外部融资依赖度的产业来说，这种政府的反周期财政行为所产生的效果是否存在不同？两位学者从政府逆向财政行为对经济周期的平抑作用出发，遵循"政府财政行为——经济周期波动——外部融资环境——外部融资成本——产业成长与结构"的分析思路，利用双重差分法，对中国各省份地区的产业发展的面板数据进行实证分析，发现那些政府实施更强反周期财政行为的省份，其外部融资依赖行业获得了更快的成长。这种现象背后的作用机制是：经济波动出现后，导致产业的外部融资环境变差，此时，政府出台的逆经济周期财政政策，作为平抑经济波动的重要工具，可以针对经济下行进行逆向操作，对经济环境发挥积极作用，改善企业的外部融资环境，这对于那些依赖外部融资的企业来说是极为有利的，因此，政府的反周期财政行为能够促进外部融资依赖产业的发展。产业的外部融资依赖度越高，这种促进作用就越明显。

　　外部融资成本是显著高于内部融资成本的，因此，外部融资成本的高低对外部融资依赖产业的成长也极为关键。众所周知，金融市场的发展水平是影响企业外部融资成本的重要因素。商品市场的发展同样是影响企业资金配置的重要因素。比如，企业能否顺利将商品销售出去，并尽快收到应收账款，获得净现金流入，或用于应付账款的支付，或满足企业运营的其他资金需求。相反，如果商品滞销，或应收账款回款受阻，就会影响企业的经营现金流，在内部运营资金不足的情况下，企业会进行外部融资，花费更高的资金成本。也就是说，成熟的市场经济环境，能够放松企业的融资约束，让政府的反周期财政政策发挥更好的效果。因此，提高市场化水平也是保障政府反周期财政行为效果的重要作用途径。

在中国特色社会主义市场经济体制下，所有制的差异带来了融资成本的差异，国有企业依然享受着超越私营企业的融资待遇。国有企业因为有体制的保护，有政策的倾向等，会轻而易举地拿到银行贷款或政府研发补贴，这直接降低了国有企业的融资成本，缓解了财务约束。国有企业和私营企业在外部融资上的差异，在外部融资依赖行业表现得更加明显。因此，在金融体制改革还未完善阶段，中国政府依然在资金配置上享有主导地位，通过财政补贴、银行低息贷款、利息减免等方式支持国有企业，降低了他们的外部融资成本。相比于国有企业，私营企业没有国家重点扶持的优势地位，在经济频繁波动时期，其外部融资会受到限制，那么，政府的反周期财政操作将会成为私营企业的"福音"，能够改善私营企业的融资环境，降低外部融资成本，缓解企业的财务约束。因此，从这一作用机制来看，那些外部融资依赖度较高的产业中，国有经济占比较低的产业受到政府反周期财政行为的正向影响更显著（图4-5）。

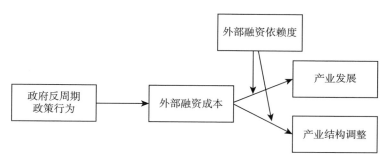

图4-5 外部融资依赖在政府财政行为与产业成长间的传导机制

以上研究从中国特有的体制视角研究了政府政策行为、外部融资依赖与产业发展的关系，将外部融资依赖的研究范围进一步拓展到宏观财政政策对企业和产业的影响。这一研究的理论机制与本书后面开展的关于政府研发补贴对企业创新的影响具有相似之处。

从外部融资依赖视角出发，在外部政策与企业微观行为的研究中，邱静和刘芳梅（2016）以国家的宏观货币政策为主要研究对象，探讨宏观货币政策对企业融资行为的影响，以及外部融资依赖在这个过程中的作用。他们的研究表明，货币政策会影响银行信贷，进而影响到企业从银行取得的借款数量。举例来说，在紧缩的货币政策下，银行信贷收紧，企业可以拿到的银行借款减少，此时，企业就要求助于商业信用，来弥补资金缺口。这种情况下，外部融资成本提高，使得企业业绩增速下降。这样的影响对于外部融资依赖度越高的企业，冲击是越大的。但是，考虑到在中国特有的体制下，国有企业是国家的重点扶持对象，拥有非国有企业不可比拟的银行借贷融资优势，这种"身份保护"能有效缓解紧缩性货币政策对企业外部融资的不利冲击。因此，外部融资依赖的国有企业的经营业绩受到紧缩货币政策的影响很小。

该研究引入外部融资依赖度作为调节变量，在计算企业外部融资依赖度时，认为在中国现有资本市场中，股份转让受限较多，不容易实现，银行借款和商业信用就成了企业获得外部资本的常用方式。因此，企业的银行借款和商业信用数量越大，对外融资依赖程度就越高。这种外部融资依赖度计算方法不同于 RZ，虽然简单，但是用银行借款和商业信用的绝对数量来代表企业的外部融资依赖，忽视了企业规模的影响。如果能从相对占比上来体现外部融资依赖将更有说服力。

该研究的理论分析模型如图 4-6：

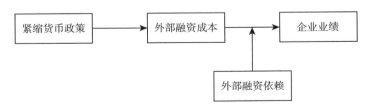

图 4-6　宏观货币政策对企业业绩影响的理论模型

该研究的实证模型如下：

$$Growth_{i,t} = \alpha_0 + \alpha_1 Money_i + \alpha_2 Depen_{i,t} + \alpha_3 Money_i \times Depen_{i,t} +$$
$$\alpha_4 CF_{i,t} + \alpha_5 Size_{i,t} + \alpha_6 TQ_{i,t} + \alpha_7 Rate_t + \sum Year_t + \varepsilon_{i,t}$$

$$(4-6)$$

式中，$Growth_{i,t}$ 是企业业绩的增长；$Money_i$ 是国家的紧缩货币政策，用当年的货币供应量（M2）与上一年的货币供应量均值的比值来代表，数值越小，表明国家的货币政策趋于紧缩，数值越大，货币政策则趋于宽松；$Depen_{i,t}$ 是企业外部融资依赖度的代理变量，用企业当年的银行借款和商业信用的总量来衡量；$CF_{i,t}$ 为企业 i 在第 t 年的经营现金流量；$Size_{i,t}$ 为企业的规模，用总资产的自然对数来衡量；$TQ_{i,t}$ 为上市企业托宾 Q 的值；$Rate_t$ 为企业的资金成本；$Year$ 为时间控制变量。

根据前面的理论机制分析，紧缩性的货币政策会让企业业绩的增速放缓，预期解释变量 $Money_i$ 的系数 α_1 为正，且企业对外部融资依赖越高，这种影响会越明显，因此，预期交互项系数也为正。同时，为了验证前文分析的企业所有权性质在这种影响中表现出的异质性，采用了分组的方式，将总样本分为国有企业和非国有企业两组，分别进行回归。该研究得出的主要实证结果汇总见表 4 - 11。

表 4 - 11　货币政策影响的实证结果汇总

	被解释变量：企业业绩增长 Growth		
	全样本	国有企业	非国有企业
Money	0.003 6*	0.005 2*	0.003 1***
	(1.83)	(1.72)	(2.55)
Depen	−1.489 9*	−0.216 7	−1.811 5***
	(−1.87)	(−0.06)	(−2.32)
Money×Depen	0.100 4*	0.030 5	0.125 6**
	(1.65)	(0.16)	(1.97)
CF	0.922 1	1.187 2*	0.861 1***
	(1.24)	(1.82)	(2.09)
Size	0.122 7*	0.128 5*	0.162 6*
	(1.80)	(1.96)	(1.95)

（续）

	被解释变量：企业业绩增长 Growth		
	全样本	国有企业	非国有企业
TQ	0.132 9*	0.098 3***	0.143 8*
	(1.73)	(2.44)	(1.75)
Rate	−0.272 6***	−0.290 7*	−0.254 9**
	(−2.85)	(−1.98)	(−2.49)
Year	控制	控制	控制
常数项	控制	控制	控制

注：括号内为 t 值，*、**、*** 分别表示在 10%、5%、1%的显著性水平。

从结果可以看出，*Money* 的回归系数为正，且在 10%的显著性水平上通过了检验，说明紧缩性货币政策会让企业业绩增速放缓，二者同向变化。交互项的回归系数显著为正，说明外部融资依赖度越高的企业的业绩增长受到紧缩性货币政策的影响越深，业绩增长降速越大。在分组的回归结果中，可以看到不论国有企业还是非国有企业都会受到紧缩性货币政策的影响，且国有企业在回归系数的数值上大于非国有企业。从外部融资依赖与货币政策的交互项回归系数来看，非国有企业显著为正，说明外部融资依赖度越高的非国有企业的业绩受到紧缩性货币政策的影响越大。

该研究也是将政府的宏观政策、企业外部融资依赖以及企业业绩三者放到一个框架下研究，尤其关注外部融资依赖度在这个关系中的调节作用，这可以为本书所关注的政府研发补贴、外部融资依赖以及企业创新绩效的关系研究提供有效借鉴。

4.2.3　外部融资依赖在创新领域的研究

创新是推动经济前进的重要动力，因此受到学界的普遍关注。随着对外部融资依赖研究的不断深入，学者们开始将行业或企业的融资依赖属性与企业创新行为联系起来。因为有效地促进创新需要运作良好的金融市场，这些市场能够在降低融资成本、分配稀缺资源、评估创新项目、管理投资风险和监督管理者等方面发挥关键作用。Po-Hsuan Hsu 等学者 2014 年在 *Journal of Financial Economics* 上发表的研究论文 "Financial development and innovation：Cross-country evidence"，首次将行业金融市场、外部融资依赖与企业创新行为结合起来，目的是从技术创新的角度研究金融市场发展对经济的影响。

　　在确定金融市场发展对技术创新的因果关系时，为了解决反向因果关系和遗漏变量问题，这篇论文也借鉴了 RZ 的研究思路，采用了面板固定效应模型，控制了国家和行业固定效应的影响。学者们试图验证有关金融市场和机构功能的两种机制：一是金融市场能克服道德风险和逆向选择问题，从而降低企业的外部融资成本。二是由于高科技产业通常承担更多的创新风险项目，这些项目在最终生产之前需要经过长期和密集的研究过程，此时，金融市场评估长期风险项目以及分散风险的功能将对创新融资产生至关重要的影响。基于以上两个机制，学者试图验证，与金融市场欠发达的国家相比，金融市场更发达的国家会产生更多创新。这样的假设符合经济理论的预期。

　　该研究沿用 RZ 的假设，即美国金融市场相对完善且信息对称，利用美国行业层面的基准数据。为了细致地研究金融市场发展对企业创新的影响，他们将外部融资市场分为股权融资市场和信贷融资市场，分别研究不同融资方式下，金融发展、外部融资依赖和企业创新的关系。他们对 RZ 的研究进一步拓展，试图搞清楚不同的外部融资方式通过外部融资依赖这个"通道"对企业创新产生影响的作用机制是否不同，以及这种机制是如何发挥作用的。另外，该研究还在 RZ 研究的基础上，进一步展开了金融发展对高科技行业创新的影响研究。学者们试图通过理论分析和实证研究证实以下两种机制：第一种，考察金融市场发展是否特别有利于更依赖外部融资的行业创新。第二种，研究金融市场发展是否特别有利于高科技密集型行业的创新。在研究这两种经济机制时，学者们分别关注了股票市场和信贷市场所扮演的不同作用。以上两种机制的研究都是对 RZ 关于金融发展对经济增长影响的更深入分析。

　　将该研究的分析思路进行整理后，可以得到理论分析框架如图 4-7：

　　通常我们将企业外部融资渠道分为两种，分别是股权融资和债权融资。两种融资的来源不同，对企业创新的影响也不相同。股票市场被认为对创新具有积极影响，原因主要有三个：第一，股票持有者能从股价上行中获利，且股票融资是不需要抵押物的。因此，进行额外的股权融资时，

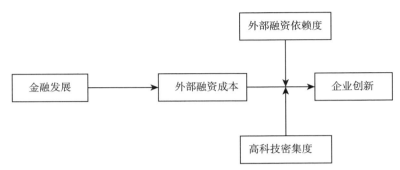

图 4 - 7　Po-Hsuan Hsu 的理论分析模型

一般不会增加企业陷入财务危机的风险；第二，在投资创新时，股权市场的信息传导功能将发挥重要作用。这是因为，股票市场的一个显著特点就是，投资者可以从股票的均衡价格中提取相关信息，尽管这个信息可能是带有杂质的。第三，股票市场可以迅速反馈证券价格或对企业未来预期作出反应。由于创新项目涉及保密，因此很难评估它的价值，而股票市场的发展为市场评价创新投资项目提供了平台。市场的反馈也会影响到管理者的投资决策。由于高度依赖外部融资的行业通常拥有多种创新投资机会，但信息公开较少，此时，股票市场应发挥资源配置的功能，为创新项目融资。

　　与股票市场相反，信贷市场对外部融资依赖行业的创新促进作用可能不明显。原因可能有以下几点：第一，由于缺乏价格信号，银行可能缺乏对公司运营的客观判断，以至于不能继续为一些收益为负的项目提供融资，因此以银行为基础的金融系统可能会抑制外部资金流向最具创新性的活动。第二，创新型的公司可能缺乏稳定的内部现金流来偿还债务利息和本金，况且，研发投资产生的知识资产通常是无形的，有些还将成为人力资本的一部分。创新投资产生的无形资产所具备的抵押价值有限，这也在很大程度上限制了创新型企业对信贷融资的使用。以上几点也解释了为什么银行更喜欢使用实物资产而不是研发投资或者无形资产价值来作为发放贷款的评判依据。

　　正是基于股票市场和信贷市场对研发投资的不同态度，该研究提出了一个假设：股票市场的发展有利于提高外部融资依赖行业的创新，而信贷市场的发展会阻碍外部融资依赖行业的创新。这个假设将 RZ 研究中的资本市场进行了细分，将会更详细地展示资本市场、外部融资依赖以及创新投资之间的关系。

科技创新是推动经济增长的动力。而高科技企业是开发技术创新的主要阵地。该研究的另一个贡献就是关注了金融发展对高科技产业创新的影响机制。高科技企业的研发投资往往面临较大的风险和不确定性。每一个研发项目都可能面临失败，这让高科技企业的经营比常规企业的经营风险更大。而发达金融市场的一个重要功能是帮助市场参与者分散风险。该研究也是从股票市场和信贷市场两个角度探讨了金融发展对高科技行业创新的影响机制。

基于以上分析，学者构建了两个行业影响机制变量，即外部融资依赖度和高科技密集度。在计算行业外部融资依赖时，借鉴了 RZ 的计算方法，即将每家公司对外部融资的依赖度等于资本支出加上研发费用减去运营现金流，再除以资本支出和研发费用的总和，每一年的行业外部融资依赖度是行业内全部企业外部融资依赖度的中位数，最后取 1976—2006 年这一段时间内行业外部融资依赖度的中位数作为这一行业的外部融资依赖度。高科技公司通常使用最先进的技术并拥有高额的研发投资。因此，每家公司的高科技密集度用 1976—2006 年研发费用年度增长的时间序列的中位数计算。

该研究中，学者构建了五个企业创新的衡量指标。第一个指标是基于 SIC 编码的某一行业获得授权的专利数量。这个指标概括了行业创新的数量特点。还需要说明一点，该研究只选取了 SIC 编号在 20~39 的制造业的专利数据。因为代表技术创新的专利对于制造业的重要性比其他行业更大。同时，考虑到专利申请到授权具有较长时滞，且专利从产生之初就能影响企业的经济效益，因此，该研究是根据每个专利申请年份而不是其授权年份来计算国家—行业的年度专利数量，因为申请年份更好地反映了创新的实际有效时间。

尽管使用专利数量来衡量创新比较直观且易于实施，但这些简单的计数并不能区分突破性发明与一般的增量技术改良，所以该研究选取的第二个创新衡量指标是专利被引用量。专利引用是指一件专利被在后专利的申请人或审查员所引用。专利引用通常表征着两件专利在技术上的关联性。由于专利引用代表了一种关联，所以人们也尝试在这种关联中寻找其蕴含的其他重要信息，比如专利技术的重要性或者专利的价值。人们通常会认为，一件专利被后续引用的次数越多，该专利技术的重要程度越高。专利被引用量代表了发明专利的影响力，可以更好地捕捉技术创新质量和创新市场价值。

虽然更多的专利被引用量通常被认为具有更大的影响力，但被引用量的分布也很重要。因此，该研究考虑另外两个基于专利的衡量指标，即专利的独创性和通用性。引用更广泛技术类别专利的专利被视为具有更大的独创性，而被更广泛技术类别专利引用的专利被视为具有更大的通用性。专利的独创性和通用性都反映了获得专利的创新的根本重要性。

在实证研究方面，采集了 32 个国家 1976—2006 年的企业和行业数据，借鉴了 RZ 的经典固定效应模型，来确定股票市场和信贷市场的发展影响企业创新的影响机制。研究结果表明，更依赖外部融资和科技密集度更高的行业在股票市场更发达的国家中表现出不成比例的更高的创新水平。然而，这种现象并没有出现在信贷市场发达的地区，可以说信贷市场的发展则倾向于阻碍了更依赖外部融资和高科技密集型行业的创新。

这项研究为金融市场发展对经济增长的影响提供了新的分析思路。该研究提出的——金融市场发展通过外部融资依赖度和高科技密集度两种机制来影响企业创新进而影响经济增长的思路，为本书后面的实证研究提供了重要参考。

在全球开展对企业外部融资依赖和创新的研究中，还有一项研究是标志性的，那就是 Viral V. Acharya 和 Zhaoxia Xu 两位著名学者 2017 年在 *Journal of Financial Economics* 上发表的 "Financial dependence and innovation：The case of public versus private firms" 一文。该研究通过非上市企业和上市企业样本实证检验了企业融资依赖与企业创新之间的关系，详细地分析了二者之间的影响机制。

创新的重要性不言而喻，但由于创新会发生不确定性以及信息不对称等问题，使得创新开展面临很多困难。其中，最经常遭遇的困难就是缺乏资金。为了从股票市场获得低成本的资金，以及降低企业和资本市场的信息不对称，企业会选择上市。但获得低成本融资的同时，企业不得不面对股票市场的短视行为以及信息公开的压力。因为创新的长期性决定了它在短时间内不能为企业创造即时的利润，股票市场的短期投机动机可能会对企业长期的创新活动不利。基于以上现实考虑，很有必要展开对企业创新与上市行为之间关系的相关研究。

Rajan 和 Zingales（1998）认为，由于初始投资和持续投资的规模、持续期以及投资回收期等因素的不同，各行业对外部融资的需求或者依赖也不尽相同。由于对外部资本的不同需求，企业面临上市所产生的相关成本和收益之间的权衡。举例来说，如果一个企业没有足够的内部现金流来资助创新投资，那么股票市场资本的注入将能够缓解它的融资约束，从而促进创新。此外，外部融资的高成本还在一定程度上提高企业的资金利用效率，让钱花得更有价值。但是，如果一个企业通过股票市场融资，那么它可能面临投资者对短时内盈利增长的压力。从另一视角来看，对于内部现金流超过其投资需求的公司，虽然从股票市场筹集的额外资本可能使他们以最快的速度从外部获得创新资源，但是充足的自由现金流很可能引起委托代理问题，从而降低内部资金利用率和创新投资的效率。此外，股票市场的短视行为以及风险排斥倾向等可能会扼杀这些公司的创新活动。

基于以上机制分析，该研究提出企业创新与企业上市之间的关系，应该结合企业对外部融资的需求来分析。因为对外部融资的需求程度会影响企业的上市动机，同样，对外部融资的依赖程度会影响企业对外部投资者关于创新的态度和反应。考虑到不同的融资需求情况下，上市对企业创新的可能影响，研究者推测企业上市对创新的影响随着外部融资依赖程度的变化而呈现差异。两位学者的研究侧重于考查公司融资依赖与创新之间的关系和作用机制，并强调在评估股票市场在创新活动中的作用时应突出考虑公司外部融资需求的重要性。

这篇研究论文为了保证实证研究的可靠性，采用"匹配"样本的方法来减少上市公司和非上市公司之间可能存在的选择性偏差问题。这种研究思想为本书后面的实证分析提供了借鉴和参考。为了向读者详细介绍这种样本匹配的思想，有必要将两位学者在该研究中使用的具体的匹配思路进行陈述。为什么会产生匹配样本的想法呢？这是因为企业的上市行为可能存在内生性，即公司进入股票市场的决定是由其他可观察和未观察到的因素驱动的内生选择。关于完整样本的一个潜在问题是 S&P Capital IQ 库中的私营公司可能比上市公司规模更大，而不同行业和公司规模会显著影响创新。为了尽量减少行业和企业规模分布的差异，他们构建了"行业—规模"相匹配的非上市和上市公司的样本。具体来说，对于从样本期开始的每个私营公司，将其与规模最接近且处于相同四位数 SIC 代码的上市公司进行匹配。该研究后续的实证分析结果主要基于这个匹配的样本，这样做减轻了将小型上市公司与大型非上市公司进行比较可能存在的偏差。

该研究同样采用了 RZ 建立的外部融资依赖度的测量方法：每一年中，按照两位数 SIC 代码的行业内所有公司的中位数得到这一行业的外部融资依赖时间序列，然后将该时间序列的中位数作为该行业的融资依赖度，对全部行业的融资依赖度数据进行百分位排序，得到行业的融资依赖指数。指数越高，行业对外部融资依赖越强。建立行业的外部融资依赖指数是该研究的一大创新。

该研究的另一个创新是构建了行业创新指数。他们构建了一个创新强度指数来衡量创新对一个行业的重要性。继 Acharya 和 Subramanian (2009) 的研究之后，他们先将两位数 SIC 代码的行业创新强度换算为每年行业中所有企业产生的专利数量的中位数，并形成基于不同年份数据的时间序列。取时间序列的中位数并进行百分位排序，采用创新强度百分位排序作为行业创新强度指数指标。此外，作为替代措施，他们还使用了企业研发支出来构建每个行业的创新强度。基于研发支出的创新强度指数的构建过程与基于专利数量的创新强度指数相同。唯一不同的是，在两位数的 SIC 代码行业中，将所有研发支出不为零的公司每年的研发支出排序后，取中位数用于计算某一行业的创新强度。两种不同的创新强度指标分别体现了创新的产出和投入。

通过构造以上行业融资依赖指数和创新强度指数，将微观企业数据与行业特点建立连接。通过行业的单一指标去分析融资依赖与创新的关系，更便于进行比较分析，这样的思路值得我们学习。

在这篇研究中，两位学者首次提出可以按照融资依赖值的大小，将行业分为外部融资依赖行业和内部融资依赖行业。如果行业外部融资依赖值为正值，则认定该行业为外部融资依赖行业（EFD 行业），如果行业外部融资依赖值为负值，则认定该行业为内部融资依赖行业（IFD 行业），这相比于之前的研究，更加明确地将"融资依赖"作为一个行业属性提了出来。

显然，一个企业选择上市与否并不是随机的，而是与企业的自身特点密切相关，这就可能存在样本选择偏差问题，让实证研究的结果不再是无偏估计了。样本选择偏差指的是存在这样一种情况，我们选择的样本往往是那些我们能搜集到的或者能观察得到的数据点，并用这些样本数据去估计我们的回归方程中的待估参数，最终得到回归方程。这样就使得那些不被我们观察到的样本信息产生了遗漏，导致样本的选择是非随机的，不具备代表性。反过来讲，如果说一个数据点（观测值）能否进入样本集合纯粹是一个外生的、随机的事件，那么就不存在样本遗漏或代表性差的问题，我们据此得出的估计参数就不会有偏差——这个估计结果就不会有问题。

但是，正如之前所说，一个企业的上市行为并不是外生的、随机的，企业会根据自身的规模、行业、融资需要、企业性质等方面进行权衡，作出是否上市的决定。那么问题来了：我们无法观测到这些企业没有上市的情况下，上市对企业创新的影响，那么我们只能从已经上市的企业去进行分析，这说明样本的选择不是随机进行的，得出的统计结果将是有偏差的。

为了解决这个问题，该研究提出了使用 Heckman 两阶段法解决样本选择偏差问题，这是研究方法上的一个重要的创新。Heckman 两阶段模型用于解决由样本选择偏差（sample selection bias）造成的内生性问题。使用 Heckman 修正内生性问题分两个步骤进行：第一步，研究者根据管理学理论设计出一个 Probit 模型，用于计算企业选择上市的概率模型，这里的因变量是二元的，表示是否上市。自变量是影响企业上市行为的外生变量，比如，企业的产权性质、企业的规模等。这个模型的估计结果可以用来预测每个企业上市的概率。然后根据第一阶段 Probit 模型，可以为每一个上市样本企业计算出逆米尔斯比率（Inverse Mills Ratio）。这个比率的作用是为每一个样本计算出一个用于修正样本选择偏差的值。第二步，研究者只需要将第一阶段得出的逆米尔斯比率加入到原来的回归方程中，作为一个额外的自变量，然后进行回归，得出估计参数。该过程结束后，通过观察第二阶段方程中的逆米尔斯比率是否显著，来判断是否存在样本选择偏差。即如果该变量的回归系数是显著的，则说明样本选择偏差是存在的，研究者应当根据第二阶段方程里的回归系数来做出统计推断；如果该变量的回归系数不显著，则说明最开始的回归方程不存在样本选择偏差，研究者可以根据原来的回归系数做出统计推断。

基于以上的研究方法，研究者建立了基于匹配样本的研究模型：

$$Y_{ikt} = \alpha + \beta Public_i + \delta EFD_{ik} + \theta Public_i \times EFD_{ik} + \gamma X_{ikt-1} + \lambda \gamma X_{ikt-1} \times EFD_{ik} + \o Mills_i + \varepsilon_{ikt} \quad (4-7)$$

其中，$Public_i$是企业是否为上市企业，EFD_{ik}是行业外部融资依赖指数，X_{ikt-1}是影响创新的企业特征变量，$Mills_i$是逆米尔斯比率。将他们的主要实证结果整理如表 4-12。

表 4-12　实证结果汇总表

	研发投入	专利数量	专利引用	原创性	适用性
Panel A：EFD 行业全样本					
Public	0.632 0***	3.663 1***	0.273 8***	0.099 4***	0.048 7***
	(0.078 5)	(1.029 3)	(0.094 7)	(0.014 9)	(0.010 2)
Panel B：IFD 行业全样本					
Public	0.078 3	−0.376 9	−0.024 1	−0.006 4	−0.014 2
	(0.067 0)	(0.399 1)	(0.061 8)	(0.020 7)	(0.013 5)
Panel C：行业—规模匹配样本					
EFD×Public	0.570 9***	2.162 3*	0.115 8	0.092 7***	0.041 6***
	(0.094 5)	(1.148 7)	(0.105 6)	(0.018 0)	(0.012 2)
Panel D：EFD 和 IFD 行业成立年限—规模成对匹配样本					
EFD×Public	0.535 0***	0.043 8	0.314 7*	0.149 2***	0.096 3***
	(0.163 7)	(0.772 9)	(0.162 9)	(0.034 6)	(0.024 4)

注：括号内为标准误；***、**、*分别表示1%、5%、10%的显著性水平。

　　Panel A 为 EFD 行业全样本回归的实证结果。实证结果表明，在 EFD 行业中，企业上市（Public）的回归系数对创新投入、创新产出以及专利的引用和适用性等变量都显著为正，而在 Panel B 的 IFD 行业全样本回归结果中，企业上市（Public）的回归系数对创新投入、创新产出以及专利的引用和适用性等变量大多数为负值，且没有通过显著性检验。这初步说明外部融资依赖行业的企业上市对创新的促进作用大于内部融资依赖的行业。

　　Panel C 展示的是将全部企业按照行业 SIC 号码和规模进行匹配之后的样本回归的结果。外部融资依赖度与上市企业的交互项对研发投入、专利数量以及专利的原创性和适用性等四个指标的回归系数 θ 显著为正，说明在此种匹配样本下，外部融资依赖行业的企业上市对创新的促进作用大于内部融资依赖的行业。

　　Panel D 展示的是将 EFD 行业的企业和 IFD 行业的企业，按照企业成立年限—规模进行成对匹配，形成的新匹配样本，然后进行固定效应回归的结果。可以看到，外部融资依赖度与上市企业的交互项对研发投入、专利引用以及专利的原创性和适用性等四个指标的回归系数 θ 显著为正，同样可以认为，更换匹配样本的协变量，得到的实证结果仍然支持外部融资依赖行业的企业上市对创新的促进作用大于内部融资依赖行业的结论。

　　该研究得出了以下结论：在 EFD 行业中，相对于非上市企业来说，上市企业表现出研发支出更多，专利产出更多，专利引用量更多，创新性更强。但是在 IFD 行业中，上市企业和非上市企业之间不存在这样的创新差异。这意味着，不同融资依赖行业的企业上市对创新的影响不同，是由于对外部资本的需求不同。公开上市对外部融资依赖行业的企业创新是有益处的。这种益处可能主要来自于公开上市能获得低成本的股票融资，减轻了企业创新面临的财务约束。

　　通过对该研究的研究思路进行总结，可以画出对应的理论分析模型，如图 4-8。

　　这篇论文可以在以下几个方面给予我们启示：第一，按照外部融资依赖度量结果将行业划分为 EFD 行业和 IFD 行业；第二，为了解决上市企

图 4 - 8　Viral V. Acharya & Zhaoxia Xu 的理论分析模型

业和非上市企业样本之间可能存在的差异，将样本进行匹配；第三，使用 Heckman 两阶段法，解决了样本选择偏差问题，保证了实证结果的可靠性。

他们的研究表明，EFD 行业中的上市企业比非上市企业创新性更强，但 IFD 行业中上市企业的创新性较差。由于控制了样本选择偏差，以及采取了多种稳健性检验方法，因此，这些差异不太可能是由于采样或估计方法选择造成的，那么潜在的原因或者机制会是什么呢？

从相关性来看，企业是否是外部融资依赖行业与企业创新之间的相关性非常低，也就是说，一个行业对外部融资的依赖与该行业创新的重要性之间没有明显的关系。从直观上观察到 EFD 行业上市公司的专利产出较大的一个潜在原因，可能是企业上市缓解了外部融资企业的融资约束。资本对创新非常重要，因为从设计、开发、制造以及形成专利的过程都是耗费巨大的。如果股票市场通过提供成本更低的资本来促进技术创新，那么创新密集型行业的公司将更有可能上市，以利用上市带来的融资优势。但事实上，该研究的相关性分析结果显示，只有 EFD 行业的创新密集型企业更倾向于上市，而 IFD 行业的企业则不然。这表明进入股票市场对于更需要外部资本的创新公司来说才是重要的。EFD 和 IFD 行业公司之间上市概率的差异也有助于进一步减轻人们的担忧，即观察到的上市公司和非上市公司的创新差异是因为更多的创新公司可能会选择进入股票市场。如果自我选择带来了创新差异，那所有行业中更多的创新公司将选择上市。然而，他们发现只有那些有外部融资需求的创新密集型行业的企业更可能上市，而不是那些不需要外部资本的行业。

该研究在得出 EFD 行业的企业上市后对创新具有显著的促进作用之后，还分析了为什么 IFD 行业的企业上市对创新产生了抑制作用。主要的原因是那些并不太依赖外部融资的企业公开上市后，可能会将企业暴露在股票市场的短视主义之下，即面对实现短期盈利目标的压力，上市公司的管理者可能表现出短视行为，这对于创新投资来说是不利的。

从理论上讲，对外部资本依赖程度不同的公司可能受到股票市场短视行为的影响。为了尽快筹集所需的资金，EFD 行业的上市公司可能有更多的动机来开展能够提供季度收益增长的短期项目，而 IFD 行业的公司对外部资本没有即时的需求，因此面临来自股市短期主义的压力更小。因此，推断有融资需求的公司更有可能通过实际活动来平滑其收益以筹集股本。但他们的研究结果却与这一推断相反，即依赖内部融资的行业的上市公司更有可能削减可自由支配的支出，而依赖外部融资的行业的上市公司则不太可能这样做。这样的结果并不意味着股权融资减少了短期主义，一个潜在的解释可能是，EFD 行业的公司可能会避免使用盈余管理来平滑收益，以保持其声誉并避免失去投资者。

上市公司面临的另一个短视行为就是竞争。产品市场竞争可能会给企业带来短期压力。由于投资者根据公司与同行的相对表现对公司进行评估，因此在面临激烈竞争时，他们可能更关注能够产生短期回报的投资项目。鉴于市场竞争加剧了短期主义，预计当产品市场竞争更加激烈时，上市行为可能会损害 IFD 行业公司的创新。有证据表明，当竞争压力高时，IFD 行业的上市公司的创新少于非上市公司。上面提出的 IFD 行业的上市公司更有可能削减可自由支配的支出。综合两个方面来看，上市行为或许不是 IFD 行业创新型企业的最优选择，因为上市行为将这些企业暴露于短视主义之下。

从创新效率来看，研发投资是创新的一种投入，创新产出通常由专利来体现。企业将研发支出转化为丰硕的专利产出的能力各不相同。EFD 行业的公司依靠成本更高的外部资本进行创新活动，更有可能高效率地利用其资源，这意味着创新投入的转化效率更高。研究的结果也表明，在 EFD 行业的上市公司创新效率更高。

以上的机制分析是重要的，对本书后面的研究也具有指导作用。因为企业上市与企业获取政府研发补贴具有相似之处，主要表现在以下两个方面：第一，上市行为和政府资助都是为企业提供外部融资的渠道，且都可以减少企业和资本市场的信息不对称，降低外部融资成本；第二，上市企业和接受政府研发补贴的企业都要面临资本提供者的监督，在短视主义驱动下，上市行为很有可能损害企业的创新。以上两种相反的影响机制所产生的效果如何，关键还是要看企业是否具有即时的外部融资需求。

4.3　为什么 EFD 很重要？

关于经济增长与金融发展因果关系的争论由来已久，主要存在两种对立的观点：一是自 Schumpeter（1911）以来，一些研究人员认为金融发展引领经济发展。因为金融提供的服务使资本或稀缺资源重新分配给那些最有效率并能创造最高价值的领域，且不会因道德风险、逆向选择或交易成本等问题而造成重大损失风险。相反，另一个具有代表性的观点是"实业先行，金融跟随"（Robinson，1952），这意味着具有良好发展机会的经济体优先发展，进而带动金融市场的发展，然后再利用丰富的外部资本支持企业良好的发展前景。

为了验证金融与经济增长之间的因果关系，RZ 设计了一种巧妙的研究，他们的出发点是，既然金融市场的发展可以降低融资成本，那么，发达金融市场中外部融资成本更低，外部融资依赖度高的行业将收益更大，因此，与金融市场欠发达地区的同类企业相比，它们应发展得更好。通过研究，他们证实了金融发展促进了经济增长的因果关系。这项开创性的研究首次利用外部融资依赖度阐明了金融发展对经济增长的作用机制，对"经济引领金融发展"的命题给予了沉重的打击。外部融资依赖是指企业投资时不能通过内部经营现金流获得，而需要从外部资本市场筹集的那部分资金。他们给出了外部融资依赖的确切定义，即

$$外部融资依赖=\frac{资本性支出-经营现金净流量}{资本性支出}$$

该公式表明，外部融资依赖程度是外部融资在企业资本支出中所占的比重。

基于 RZ 的开创性研究工作，许多学者在研究金融市场对经济增长或企业活动的影响机制时引入了外部融资依赖度这一变量。在这些研究中，

外部融资依赖被演化为不同的形式，包括企业外部融资依赖、行业外部融资依赖和区域外部融资依赖等形式。

外部融资依赖应被视为企业、行业、地区或国家经济活动的重要特征。那么，它与企业融资、信息不对称、信号理论和公司治理理论有什么关系呢？它们之间的影响机制是什么？这是一个很值得思考的重要问题，应该加以明确。金融市场的发展对企业创新至关重要，发达的金融市场可以降低企业融资成本、合理配置稀缺资源、有效评估创新活动、管理投资风险和监督管理者（Schumpeter，1911；Hsu et al.，2014）。从逻辑上讲，对于更依赖外部融资的公司来说，这些好处甚至更大。

根据融资优序理论，企业在融资时会优先考虑融资成本。一般来说，第一选择是公司的内部融资，因为它的资金成本最低。当内部资金不足时，再考虑外部融资。外部融资成本对于依赖外部融资的公司来说非常重要（Wang & Thornhill，2010）。如果企业与外部投资者之间的信息不对称程度越低，那么，外部投资者在做出投资决策之前，就可以更全面地评估企业的经营情况、投资风险等。对外部融资的依赖程度越高，企业与外部资本市场的关系就越密切，双向的资本流动就更多，这将使资本提供者和企业之间出现更频繁的互动和更多的信息传递。

在不完善的资本市场中，存在严重的信息不对称，使得外部投资者难以全面了解企业内部的情况。根据"逆向选择"原则，投资者只能提高资金成本以降低投资风险。因此，企业对外融资依存度越高，代理成本越大，导致外部融资成本越高，从而引发企业融资约束问题。可见，在不完善的资本市场中，企业外部融资依赖越高，越可能会出现融资约束。

信息不对称理论强调政府在经济运行中的重要性，呼吁政府对经济运行进行监督和干预，以纠正市场机制引起的一些不利影响。政府通过研发补贴对企业创新进行资助和支持，这是对企业经营和研发活动的肯定和"证明"。因此，企业在获得政府研发补贴后，借助政府补贴的"认证效应"，可以向外部资本市场释放积极信号，帮助那些缺乏企业内部信息的外部投资者识别研发活动，评估投资风险，以提高创新型企业获得外部资金支持的可能性。

良好的公司治理可以降低高管的代理成本，因此外部投资者更喜欢治理结构良好的公司，也更愿意投资这样的公司。从这个角度讲，企业越依赖外部融资，就越应该加强公司治理，以获得外部资本市场的青睐，获得更多的外部资金。外部投资者不仅是资金的提供者，也是资金使用的监管者。这种外部监督会减少管理者的利己行为，使管理者的努力程度更高，资金利用效率更高。因此，外部融资依赖属性与公司治理之间存在良性互动。

熊彼特说，创新就是稀缺资源的重新配置（熊彼特，1911）。依赖外部融资的企业向外部资本市场释放融资信号，为创新活动融资，外部投资者对创新项目的风险和收益进行评价，体现了市场在评价创新活动中的作用。外部融资依赖在资本市场与企业创新之间架起了一座桥梁，让资本在投资者与企业之间合理配置。

综上所述，信息不对称会影响企业的外部融资依赖程度，反之亦然，减少信息不对称是解决外部融资依赖企业融资约束的有效途径。根据信号理论，本研究认为企业获得的政府研发补贴和实施高管激励是向外部投资者发出的积极信号，可以减少企业内外部的信息不对称。对外部融资的依赖是推进公司治理的重要动因，良好的公司治理结构是企业获得外部资金支持的有利条件。研究一个公司或行业的对外融资依存度，可以更清楚地了解资本市场对企业活动的影响机制。可以认为，对外融资的依赖程度反映了企业受外部环境影响的程度。这意味着外部融资依赖是外部环境影响公司的渠道。那么，在研究政府对企业投融资的政策效果，或者企业实施公司治理措施的效果时，企业外部融资依赖属性是一个需要研究者考虑的重要因素。

4.4 中国企业 EFD 的现状

根据融资优序理论可知，内部资金是企业创新的首要资金来源。但是，对于许多公司来说，内部现金流和股权融资都面临着不稳定性（Brown & Petersen，2012）。劳动力要素的价格是基本固定的，当其他因素或销售受到影响时（如名义利率上升、油价上涨、人民币升值等），企业净利润将出现较大波动。此外，股票市场的波动也是显而易见的。在这种情况下，外部融资对企业投资起到了重要的平滑作用。随着中国经济的发展和资本市场的不断完善，企业与外部资本市场的互动越来越密切。

国内外学者分别采用了多种方法来衡量行业的外部融资依存度。从宏观上看，李晓龙等（2017）首先以固定资产投资中非自筹资金占固定资产投资总额的比例来简要刻画我国各行业的外部融资依赖程度，还有学者利用银行借款占比来刻画企业的外部融资依赖。本研究利用中国统计年鉴数据，分析了固定资产投资中的外部融资占比，以及固定资产外部融资中的不同来源情况，通过这两个指标来反映我国社会面总体上的外部融资依赖状况。

图 4-9 描绘了 2008—2016 年中国固定资产投资中的外部融资变化趋势和各行业固定资产投资中外部融资的占比。总体来看，虽然外部融资额逐年增加，但在总固定资产投资中的比重有所波动。具体表现为：自2008 年金融危机爆发以来，这一比例不断下降，直到 2015 年才稳步上升，可见企业对外融资受到经济环境和国家政策的影响。通过固定资产中外部融资的发展状况来看，外部融资已成为影响我国经济发展中的重要因素，外部融资依赖也必将成为研究公司治理或产业政策的重要因素。

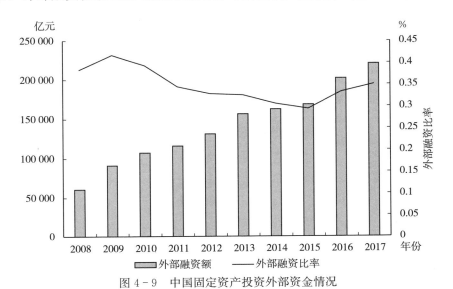

图 4-9　中国固定资产投资外部资金情况

数据来源：中国固定资产投资统计年鉴。

图 4 - 10 描绘了固定资产投资中的不同外部融资渠道的资金数量，主要包括国家预算资金、国内贷款、利用外资和其他资金。总体来看，随着中国金融市场的进一步完善，各行业对外资金的使用在增加。国内贷款是外部融资的主要来源，这也是中国资本市场中"银行"一家独大的市场结构的必然结果。政府预算资金是外部资金的重要来源。相比之下，外资使用量较低，且呈下降趋势。

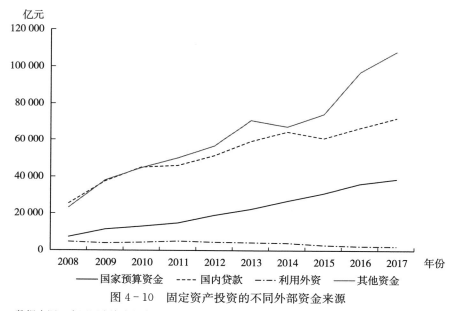

图 4 - 10   固定资产投资的不同外部资金来源
数据来源：中国固定资产投资统计年鉴。

图 4 - 11 显示了不同行业固定资产投资的对外融资依存度。全行业固定资产投资对外融资依存度平均为 0.26。其中，"房地产业"对外融资依存度最高，为 0.56。"交通、仓储和邮政""教育""公共管理""公共管理和社会保障""水利、环境和公共设施管理""电力、热力、燃气和水的生产和供应"也是高度依赖外部融资。

本研究基于行业上市公司的微观数据，计算了不同产权公司的外部融资依存度（图 4 - 12）。从图中可以看出，国有企业和非国有企业的平均对外融资依存度分别为 0.157 和 0.179，存在显著的差异（0.179）。造成这种差异的可能原因之一是，一旦国有企业亏损或资金不足，政府往往会

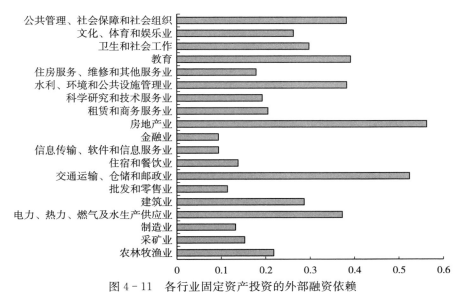

图 4-11 各行业固定资产投资的外部融资依赖

数据来源：中国固定资产投资统计年鉴。

追加投资、增加贷款、提供财政补贴，使得国有企业对外部融资的敏感度降低。还有一个可能的原因是对外部资金的依赖需要更好的信息披露、公司治理和外部监督等。非国有企业在这些方面具有天然优势，受到外部投资者的青睐。

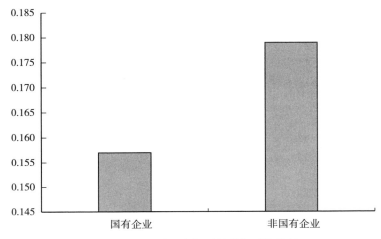

图 4-12 不同所有权下的外部融资依赖

通过分析中国资本性支出中的外部融资依赖情况发现，外部融资依赖是研究企业投资时应考虑的一个重要因素，同时，这一企业或行业属性在中国经济环境中具有鲜明的特点。

4.5　本章小结

自熊彼特（1911）开始，关于金融与经济增长之间的因果关系争论已久。尽管后面的学者也对二者的因果关系进行了持续研究，但并未得出让学界普遍信服的结论。直到 Raghuram G. Rajan 和 Luigi Zingales（1998）的经典之作 *Financial Dependence and Growth* 发表，其严谨的研究设计，巧妙的研究视角为这近一个世纪的争论以当头一击，大有盖棺定论之势，奠定了外部融资依赖研究的基础。两位学者借助外部融资依赖这一行业特性对金融发展对经济增长的影响机制进行严谨阐述，并利用实证分析方法验证了假设。他们的结果表明，在资本市场较发达的国家，相对更需要外部融资的行业发展得更快。这一结论直指金融领先于经济的发展。他们的研究设计为后来的相关研究提供了借鉴的范式。

RZ 之后，外部融资依赖研究的应用越来越广。之后的外部融资依赖研究主要可以分为三个部分：第一，是对 RZ 研究结论的验证。不同国家的学者们利用新的数据源、新的测度方法、新的模型设计等对 RZ 的研究结论，即所计算得出美国行业外部融资依赖度是否是这些行业部门基本的、持久的特征，以及能否在其他国家和地区普遍适用进行验证，研究结论虽然见仁见智，但多数研究支持 RZ 关于外部融资依赖是金融发展促进经济增长的这一论断，同时提出不能完全依赖 RZ 两位学者的美国行业外部融资依赖指数，而是要结合不同国家的特征，必要时利用合适度量方法进行计算，避免出现"基准偏差"。第二，是外部融资依赖与政府行为效果的结合研究。学者们将外部融资依赖作为企业、产业、地区等重要的特征，引入到企业绩效、企业成长和产业发展中，借此揭示外部融资依赖在宏观政策环境和微观企业发展之间的作用。企业发展是经济发展的微观体现，将宏观的金融、经济以及行业等研究视角延伸到政府宏观政策对企业融资、企业经营业绩等的影响效果，通过微观视角证明企业的外部融资依赖度越高，企业受到政府政策的影响越大。第三，是外部融资依赖在创新领域的研究。企业创新被认为是经济增长的重要动力，同时企业创新需要运作良好的金融市场，将金融市场、外部融资依赖与企业创新行为相结合，进一步展现了金融市场发展对经济增长的影响机制。

基于前文的理论分析以及外部融资依赖相关研究的总结与分析，本章节从理论机制上详细地阐述了外部融资依赖研究对企业创新的重要性。简言之，外部融资依赖应被视为企业、行业、地区或国家经济活动的重要特征，当外部经济、金融环境发生波动时，外部融资依赖的企业受到的影响更大。一方面，企业越依赖外部融资，就越应该加强公司治理，以获得外部资本市场的青睐，获得更多的外部资金。另一方面，外部融资依赖和公司治理行为之间存在良性互动。因为外部投资者不仅是资金的提供者，也是资金使用的监督者。外部监督会减少管理者的利己行为，使资金利用效率更高。反过来，良好的薪酬设计向外界传递公司治理良好的信号，能帮助外部融资依赖的企业获得更多的外部投资。总结来说，外部融资依赖是联通企业和外部环境的"通道"。

本章节对中国企业的外部融资依赖现状进行了总结分析。综合不同的测度方法，计算了中国外部融资依赖的相关指标，展示了中国外部融资的主要来源、不同行业外部融资依赖度、不同产权企业的外部融资依赖度等，并进行了趋势分析和对比分析。最后得出中国企业外部融资依赖在行业、产权等方面存在显著差异，具有鲜明特点。

第 5 章　中国企业创新现状

在经济全球化与国际竞争加剧的时代背景下，国与国之间的交流日益密切，要想立足于世界民族之林，发展经济是首位。创新能力的提高是建设国家创新体系的关键要素，对促进我国经济增长尤为重要。企业科技创新能力的提高是提升企业核心竞争力的重要源泉，也是我国提升创新水平和综合国力的重要驱动力。科技创新能力的高低与我国促进产业结构调整以及产业转型升级息息相关，提高创新能力不仅是我国迈向世界科技强国的关键因素，同时也是提高企业竞争力的首要选择。创新不仅对一个企业的生存和发展至关重要，对一个国家综合实力的提升也具有十分重要的意义。2016 年 5 月 30 日，习近平总书记在安徽调研时强调"当今世界科技革命和产业变革方兴未艾，我们要增强使命感，把创新作为最大政策，奋起直追、迎头赶上。"2022 年 2 月习近平总书记在全国科技创新大会上指出："科技是国之利器，国家赖之以强，企业赖之以赢，人民生活赖之以好。"企业是科技创新的主体。如何促进企业的科技创新行为，成为当今中国发展亟须解决的、关键的理论和实践问题。

技术的创新可以分为两个阶段：研究阶段与开发阶段，合称为研发（R&D）。研发经费支出通常用于衡量企业的创新投入，是指企业用于开展 R&D 活动的总体支出，包括用于 R&D 项目（课题）活动的直接支出，以及间接用于 R&D 活动的管理费、服务费、与 R&D 有关的基本建设支出以及外协加工费等。研发支出占国内生产总值的比重经常被用来作为衡量一个国家创新强度的重要指标，可以综合反映国家的创新实力和核心竞争力。根据熊彼特的创新理论，企业创新的产出形式可以有五种：一种新技术产生、一个新产品的开发、一个新市场的开拓、一项新材料的产生、一个新型组织的构建。本书中讨论的创新主要是技术创新。技术创新的产出形式主要有发明专利、实用新型专利、外观设计专利等形式。技术创新是产业保持持续发展的源泉，技术创新为企业带来成本的节约，效率的提高，以及市场份额的提高等，进而改善企业的盈利情况。因此，创新是产业发展之源。

5.1　中国全行业创新概况

图 5-1 显示了 2009—2018 年中国 R&D 经费的变化情况，可以看出中国 R&D 总体投入逐年增加，从 2009 年的 5 802 亿元增加到 2018 年的 19 678 亿元，R&D 投入占 GDP 的比重也在不断上升，从 2009 年的 1.66% 上升到 2018 年的 2.19%，近十年保持 15% 左右的年增长率。总体来看，我国研发投入总量虽然非常可观，但占 GDP 的比重并不高，增速也相对缓慢。这与政府提出的到 2020 年研发投入占国内生产总值 2.5% 的科技创新目标还有很大差距。

图 5-1　中国研发支出变化

数据来源：国家统计局。

纵观近年来中国研发支出的增长趋势，2018 年中国研发投入占 GDP 的比重为 2.19%，美国研发投入占 GDP 的比重约为 2.8%。作为传统的工业和科技强国——日本的研发投入不容小觑。据日本总务省发布的《科学技术研究调查结果》显示，日本每年的研发投入已占其 GDP 的 3.42%。而亚洲另一个创新型国家——韩国，其研发支出占 GDP 的比重则高达 4.5%。与这些发达国家相比，中国的研发投入仍然偏低，需要不断提高。虽然我国专利总量庞大，但能较好反映技术进步的发明专利比例却很低，占比约为 25%。通过以上分析可以推断，研发投入不足和缺乏长期性是制约创新活动产出的重要原因。

图 5-2 显示了 2009—2017 年我国专利授予数量的统计结果。中国的专利分为三类，包括发明专利、实用新型专利和外观设计专利。发明专利是对产品和生产方法提出的新的解决方案或者对产品和方法的进一步改进。实用新型专利是针对形状、结构或对两者提出的更具有实用价值的新技术方案。外观设计专利是具有美感并适合工业应用的颜色、形状、图案或这些产品组合的新设计。从技术上讲，发明专利更能反映科技的进步，进而反映研发产出的质量。

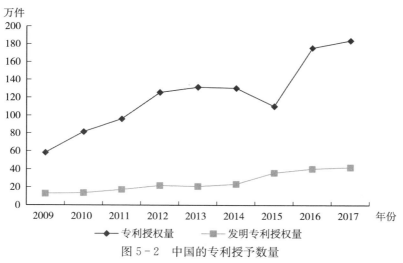

图 5-2　中国的专利授予数量

数据来源：国家统计局。

从技术创新成果看，除 2014 年和 2015 年外，专利授权量保持了较快的增长趋势。2009 年专利授权量为 581 992 件，到 2017 年专利授权量已达到 1 836 434 件。其中，发明专利授权量也由 2009 年的 128 489 件增加到 2017 年的 420 144 件。相对来看，更能代表技术进步的发

明专利占比依然较低，每年占比在 25% 左右，仅为全部专利的四分
之一。

开展创新活动需要大量的资金投入，这意味着企业必须拥有充足且持
续的资金来源。事实上，企业创新投入的金额一般与其融资能力或资金实
力呈正相关。图 5 - 3 描绘了中国研发支出的资金来源。从图中可以看出，
中国企业研发投入的主要来源是企业资金和政府资金。企业资金是指企业
自有资金和委托其他企业取得的资金，以及从科研院所、大学等机构获得
的用于研发的资金。政府性资金是指各级政府部门在研发经费内部支出中
的资金，包括财政科技拨款、科研经费、教育等部门费用，以及政府部门
用于研发的预算外资金。

从资金来源看，企业自有资金仍是研发投入的主要来源。图 5 - 3 显
示，从 2008 年的 3 312 亿元增加到 2017 年的 134 665 亿元。政府财政对
企业的科技投入也在增加，从 2008 年的 1 088.89 亿元增加到 2017 年的
3 487.45 亿元。自 2006 年中国政府提出创新型国家发展战略以来，对科
技进步提出了明确的发展目标，即科技创新对经济增长的贡献率应达到
60% 以上，同时，政府提出了到 2020 年研发投入占 GDP 的比重将提高到
2.5% 的目标。

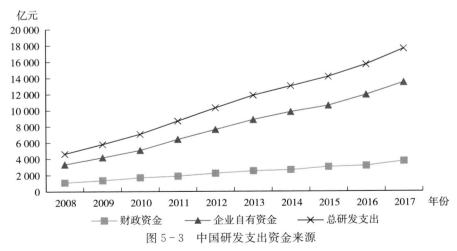

图 5 - 3　中国研发支出资金来源

数据来源：国家统计局。

5.2 中国制造业创新概况

借鉴国际标准产业分类方法，我国对产业部门进行了统计分类。根据2017年第四次修订之后的《国民经济行业分类》规定，行业分类从大到小分为门类、大类、中类和小类，其中，制造业是一个独立门类，在国民经济的 20 个门类中，规模首屈一指。制造业（行业编码为 C）现有 31 个大类、179 个中类和 609 个小类。中国制造业发达，是目前世界上产业门类最齐全、产业体量最大、产业体系最完整的国家。

为了实现"中国制造"到"中国智造"的成功跨越，我国政府积极引导制造行业走创新发展之路。工业和信息化部在 2022 年 7 月 26 日举行新闻发布会，主题为："推动制造业高质量发展　夯实实体经济根基"，对我国制造业的发展进行了回顾与展望。近十年来，中国制造业综合实力持续提升。中国制造业增加值从 2012 年的 16.98 万亿元增加到 2021 年的 31.4 万亿元，占全球比重从 22.5% 提高到近 30%，中国依然稳稳占据世界制造大国的第一位。但是实现从制造大国到制造强国的转变，从中国制造到中国创造的转变，还得依赖企业的创新。近年来，随着我国改革开放不断加深，企业市场竞争加剧，创新机会涌现，中国制造向中国"智造"迈进的步伐明显加快。从创新投入看，我国制造业研发投入强度从 2012 年的0.85% 增加到 2021 年的 1.54%，比十年前提高近一倍。中小企业成为我国企业创新的新增长极——专精特新"小巨人"企业的平均研发强度达到10.3%，成为拉动经济增长的强劲动力源。更有 570 多家工业企业入围全球研发投入 2 500 强，证明了中国企业在投入强度上已然向世界看齐。

2018 年 10 月 22 日习近平总书记考察广东省珠海市横琴新区时曾说道：制造业的核心就是创新，就是掌握关键核心技术，必须靠自力更生奋斗，靠自主创新争取，希望所有企业都朝着这个方向去奋斗。说明在我国现在的经济环境下，制造业仍是实体经济的核心力量，制造业发展的根本动力就是创新。图 5-4 和图 5-5 反映了规模以上工业企业的 R&D 经费支出和专利产出的情况。从图 5-4 可以看到，近年来，我国企业的研发投资从 2012 年的 7 200.645 0 亿元增加到 2020 年的 15 271.290 5 亿元，短短时间，增加 133%，说明企业的自主创新意识进一步提高。

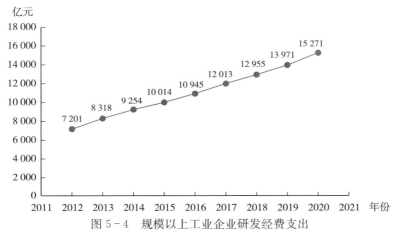

图 5 - 4　规模以上工业企业研发经费支出

注：2011 年起，国家统计局对统计规模以上工业企业进行了调整：由年主营业务收入 500 万元及以上的法人工业企业调整为年主营业务收入为 2 000 万元及以上的法人工业企业。为了数据更具有可比性，本数据统计时间范围为 2011—2021 年。下同。

从图 5 - 5 的专利产出来看，制造业企业每年的专利申请数从 2012 年 489 945 件，增加到 2020 年的 1 243 927 件，最能代表技术进步的发明专利申请数从 2012 年 176 167 件，增加到 2020 年的 446 069 件，说明企业的自主创新能力也有了大幅的进步。

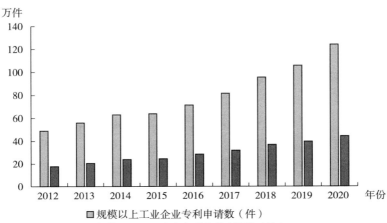

图 5 - 5　规模以上工业企业创新产出

中国的创新现状表明，虽然我国的研发支出的总量非常可观，但研发投入占 GDP 的比重却很低。此外，发明专利数量和占比都较少，说明我国的创新产出质量有待提高。政府应加大力度激励企业创新，提高创新的效率和质量。

5.3 本章小结

企业创新是经济发展和社会进步的驱动力，关系到国家的长远发展。随着中国经济的转型升级，创新驱动发展已成为中国企业的必然选择，更是一个企业保持竞争优势的关键。本章从研发投入、专利数量、专利质量以及创新资金来源等方面展示了我国近年来企业创新的现状，分析了存在的问题。中国作为世界第一制造大国，制造业创新决定了中国企业创新的进展。本章还重点分析了中国制造业创新的概况，总体上，制造业创新投入和产出都不断提高，但仍存在研发投入占 GDP 的比重较低，以及创新的效率和质量较低等现实问题。

第 6 章　外部融资依赖、政府研发补贴与企业创新

6.1　中国政府研发补贴概况

　　企业的研发活动是提高其科技创新能力不可缺少的环节，而进行研发活动必然需要研发投入，这就离不开大量资金的支持，因此增加企业的研发投入对于企业提升研发水平以及创新能力的意义不言而喻。然而，研发活动过程中资金的巨大投入让很多企业望而生畏，而研发周期较长以及研发结果的不确定性又进一步阻碍了企业研发活动的进程。政府补贴于企业而言，可以直接有效弥补企业由于研发风险高、资金缺乏等原因导致的研发投入不足，相当于给企业吃了一颗定心丸，有利于增强企业研发活动的信心，提高企业研发创新的积极性。除此之外，政府提供补贴是对该企业研发活动足够认可才会产生的行为，这一行为可以向外界传递该企业的研发项目具有潜力，并且政府很看好其发展前景，让创新项目的信息透明度大大增加，使得更多潜在的社会资金涌入企业。同时也有一些学者提出政府补贴会抑制企业的研发投入，导致高新技术企业对政府补贴产生依赖，扭曲了政府补贴的初衷，使得府补贴效果适得其反。

　　政府研发补贴是指企业从政府获得的、用于资助研发活动的货币或非货币资产，不包括政府作为企业所有者投入的资本。近年来，我国政府补贴呈现出以下特点：一是规模大，金额逐年递增；二是政府资金在行业中分布不均；三是政府补贴在不同产权企业之间分配不均。

　　2008—2018 年，中国研发支出保持较快增长，政府的财政科技支出增加迅速。图 6 - 1 显示了 R&D 支出中的政府性资金数量和比例。政府性资金从 2008 年的 1 088.9 亿元增加到 2018 年的 3 978.6 亿元，年均增

长 13.83％。政府资金占研发总支出的比重虽然略有下降，但仍保持在
20％左右，并保持相对稳定。中国政府作为创新投资的初始驱动力，推动
企业自主创新。随着企业创新意识的增强，公司资本支出快速增长，政府
补贴的激励作用逐渐显现。

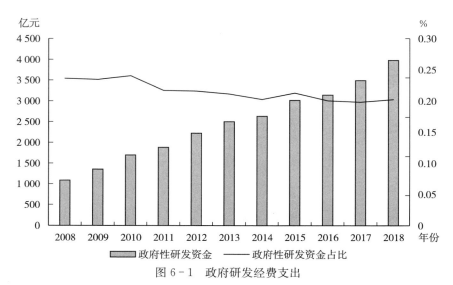

图 6-1　政府研发经费支出

数据来源：国家统计局。

　　政府补贴作为一种资源配置机制，始终体现产业政策的引导方向。为
掌握政府对不同行业的扶持力度，本研究以 2008—2017 年固定资产投资
中政府资金中位数作为衡量标准，说明各行业获得的政府资金的数量。
图 6-2 显示，"水利、环境和公共设施管理""交通运输、仓储和邮政业"
等基础性行业获得更多的政府支持。从微观上看，重点扶持行业的企业获
得政府补贴的可能性更大。

　　从中国的制度环境来看，政府对国有企业仍有"家长式"情结。所
以国有企业是政府投资和财政补贴的首选。据来自 CSMAR 数据库的企
业数据统计表明，国有企业获得政府研发补贴的 74％，远超非国有企
业（图 6-3）。

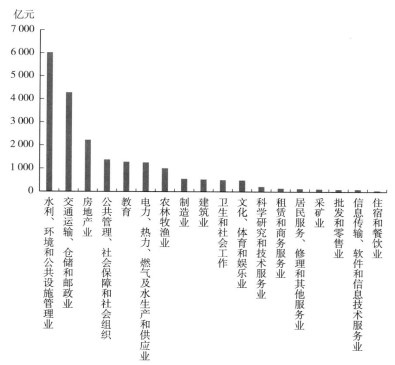

图 6-2　政府资金在各行业固定资产投资中的分布

数据来源：中国固定资产投资统计年鉴。

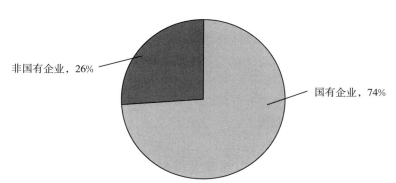

图 6-3　不同产权的政府研发补贴金额

数据来源：中国 CSMAR 数据库。

6.2　理论动机和研究假设

　　美国资本市场可以说是目前世界上相对最完善的资本市场，在较少的融资摩擦的假设下，RZ 计算出的美国各行业外部融资的需求即是行业较真实的融资需求。但在中国，资本市场并不完善（邱静和刘芳梅，2016），为了理解不完善的资本市场为何会抑制创新，本研究提出了一个立足于公司层面研发融资和投资的简单模型。该模型由 David 等在 2000 年率先提出，后来由 Hyytinen & Toivanen（2005）进行了修改。本研究结合中国资本市场的现实状况，对模型进行了修正。图 6-4 展示了基于不完善资本市场的企业 R&D 投融资成本的修正模型。

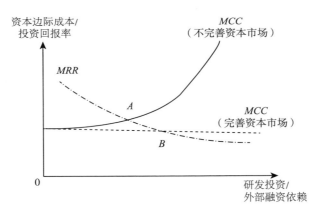

图 6-4　外部融资依赖和投资

　　图 6-4 展示了内部资金是企业研发投入中可利用的初始资金，其具有低成本的优势。随着投资的持续增大，内部资金不足以支撑创新活动时，企业开始转向外部融资。在不完善的市场中，外部融资成本一开始是不变的，呈现出水平趋势，但超过一定的融资额度后会显著上升。由于信息不对称，外部融资的边际成本是融资数量的增函数（Ferreira et al.，2014）。然而，完美市场中的资本成本可以认为是水平的。企业外部融资越多，说明企业对外部融资的依赖性增强，如果用外部融资依赖作为横轴坐标，模型依然是成立的。

但不得不承认，在不完善的资本市场中，由于融资摩擦，外部融资依赖度无法像在完善资本市场中那样，反映外部融资额的真实需求（Hyytinen & Toivanen，2005）。这种情况下，外部融资依赖程度不仅反映了对外部融资的需求，还反映了不完善资本市场中企业同时存在的融资约束。

图 6-4 中，横轴是研发投资额或外部融资依赖度，纵轴衡量资本的边际成本和边际投资回报率。MCC 曲线是资本的边际成本。MRR 曲线代表保证资本边际收益率。原始模型由 David 等（2000）提出，Hyytinen & Toivanen（2005）对原始模型进行了修改。本研究中，在修正模型的基础上，把外部融资依赖度作为一个新的水平轴添加。纵轴衡量资本的边际成本和投资回报率。MCC 计划是资本的边际成本，MRR 计划是保证金收益率。

政府补贴作为一种外部资本，首先它可以直接资助企业创新活动。企业可以利用政府研发补贴的"认证机制"，向外界传递关于创新活动的积极信号，减少企业与投资者之间的信息不对称，进而以较低的资金成本获得更多的外部投资（Hyytinen & Toivanen，2005；Zhao et al.，2018）。政府研发补贴的"资助效应"和"认证效应"共同作用，将 MCC 曲线驱动到斜率更缓和的 MCC″曲线。

图 6-5 描绘了这两种效应。如果保持边际收益曲线 MRR 不变，在政府研发补贴"资助效应"的影响下，边际成本曲线将会从 MCC 移动到 MCC′。可以看出，政府补贴对处于曲线上升阶段的企业（即 B 点）比对

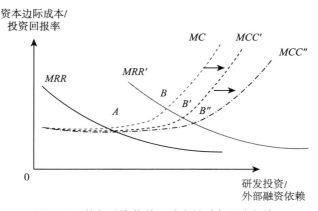

图 6-5   外部融资依赖、政府补贴与研发投资

处于水平线上的企业（即 A 点）的影响效果更大。进一步来看，受到政府研发补贴的"认证效应"的影响，边际成本曲线 MCC′会继续向右移动，斜率会变得更缓和，当 MCC 转移到 MCC″时，B″点是新的均衡点，企业在此处以更低的成本获得更多的外部融资。

图 6-5 中，横轴是研发投资额或外部融资依赖度，纵轴衡量资本的边际成本和边际投资回报率。MCC 曲线是资本的边际成本。MRR 曲线代表保证资本边际收益率。Hyytinen & Toivanen（2005）的研究表明，政府补贴的总体效应可以用 MCC 到 MCC″的迁移来表示。本研究将总效应分为两部分：一是从 MCC 到 MCC′的迁移所代表的"资助效应"；二是从 MCC′到 MCC″的迁移所代表的"认证效应"。政府补贴对处于曲线上升阶段的企业（即 B 点）比对处于水平线上的企业（即 A 点）的影响效果更大。

由此看来，政府补贴是缓解企业研发投资紧张的有效工具，对研发投入具有直接和间接的促进作用。直接效应主要表现为"资助效应"，边际成本曲线从 MCC 到 MCC′的移动就说明了这一点。而间接效应就是"认证机制"，这意味着政府补贴可以向外部投资者发出积极信号，使企业更容易获得后续资金。通过图形我们还可以看出，如果资本市场非常不完善，这种认证机制将对外部融资依赖行业的企业起到不成比例的促进作用，使 MCC′移动到 MCC″的位置上，曲线斜率也进一步变得平滑。

与一般的投资活动不同，创新活动更容易受到资金约束的制约，阻碍企业的长远发展。政府研发补贴是促进中国企业创新的重要举措。然而，政府补贴在资助企业创新活动的同时，也对创新资源的市场供需产生了影响，推高了研发资源的价格，这会对企业创新产生一定的抑制效果。综合来看，一个是"促进"，一个是"抑制"，在这两种互逆效果的共同作用下，政府补贴如何影响创新以及作用效率如何就成为了一个需要实证的问题。此外，考虑到"资助效应"和"认证机制"（理性投资者应将企业获得政府研发补贴视为评估企业创新活动的积极信号）（Howell，2017）的作用效果，会受到企业外部融资程度的影响，因此，外部融资依赖度的调节作用也是本研究重点关注的内容。

本研究试图验证政府补贴对创新的积极作用，并着重考察外部融资依赖在这个过程中的调节作用，分析政府补贴对不同融资依赖行业的企业创新影响是否有所不同。

拥有创新机会的公司往往缺乏资金（Silva & Carreira，2012）。通常来看，只依靠内部资本无法为研发投资提供足够的资金支持，而在外部融资的过程中，由于投资者无法掌握企业创新活动的具体信息，这种信息不对称进一步提高了企业的外部融资成本。较高的融资成本会加剧企业的资金约束（Hottenrott et al.，2015）。因此，企业能否顺利获得外部融资支持将影响研发活动的投入和产出。RZ 研究的一个重要假设是——不同行业的外部融资依赖程度是不同的。这个假设是基于不同的产品生产周期、不同的行业生命周期、不同的资本需求强度等。因此，EFD 行业（外部融资依赖行业）和 IFD 行业（内部融资依赖行业）的企业研发活动也不可避免地存在差异。先前诸多研究表明，研发投资总是与融资约束呈正相关关系（Booth et al.，2015）。作为一个不完善的资本市场，考虑到中国资本市场存在融资摩擦，那么外部融资依赖程度越高，越容易导致较高的外部融资成本，外部融资越困难，从而导致研发投资受到融资约束的阻碍（Levine & Warusawitharana，2019）。如果中国资本市场没有融资摩擦，那么外部融资依赖程度越高意味着更多的外部资金支持可以满足融资需求，这将有利于研发投资。基于此分析，提出本研究的第一个假设：

H1a：外部融资依赖程度与研发投资呈正相关。

H1b：外部融资依赖程度与研发投资呈负相关。

政府研发补贴通常被认为对研发投资有激励作用，对创新产出具有积极影响（Kou et al.，2020），而且研发补贴的"资助效应"和"认证机制"会由于外部融资依赖的不同而不同。即政府研发补贴为创新活动提供资金，并通过减少信息不对称缓解融资约束。因此，外部融资依赖行业中的企业将受到政府研发补贴的影响更大。政府发放研发补贴后，并不是放任不管，而是对补助资金有一套严格的监督管理程序，政府将监督被补贴对象的创新活动，这种外部监管将提高企业的资金利用效率，提高创新产出，且这种激励对外部融资依赖的企业更加有效。这些讨论产生了以下两个假设：

H2：政府研发补贴对企业研发投资具有促进作用，且这种促进作用在外部融资依赖行业表现更加显著。

H3：政府研发补贴可以促进企业的创新数量和创新质量，且这种促进作用在外部融资依赖行业表现得更加显著。

RZ 通过美国企业数据计算得出的行业外部融资依赖是指在完善的资本市场中企业对外部融资的真实需求。但在中国，由于融资摩擦，外部融资依赖度并不能反映企业对外部融资金额的真实需求。外部融资依赖不仅反映了企业对外部融资的需求，还反映了企业同时存在的融资约束。研究推测，不同的外部融资依赖程度反映了企业不同的财务状况。不同外部融资依赖水平对研发活动的政府补贴作用机制也不同。因此，本研究提出了下一个假设：

H4：政府研发补贴对不同融资依赖的企业研发投入发挥了不同的"资助作用"和"认证作用"。

为了验证以上假设，本研究进行了如下的实证分析。

6.3 全行业样本实证分析

6.3.1 变量测量

因变量是与创新活动有关的变量。本研究使用研发支出来衡量创新投资，使用专利申请数量来衡量创新数量，使用发明专利申请比例来衡量创新质量（Mairesse & Mohnen，2010；Hall & Harhoff，2012；Biggerstaff et al.，2019）。

（1）外部融资依赖。RZ 的开创性研究表明，外部融资依赖具有行业差异性，给出了计算行业外部融资依赖度的方法，即资本性支出减去内部现金流后占资本性支出的比例。随着时代发展，会计准则的改进，Acharya 和 Xu（2017）将研发支出加入外部融资依赖水平的计算当中。该研究遵循 RZ 以及 Acharya 和 Xu（2017）的分析方法，将企业一年的资本性支出和研发支出中未通过内部现金流融资的部分作为企业的外部融资需求。每家企业对外融资依赖（EFD）用资本支出加研发支出减去经营现金流，再除以资本支出和研发支出的总和计算，即

$$EFD = \frac{资本性支出 + 研发支出 - 经营性现金流}{资本性支出 + 研发支出}$$

计算出每个公司的外部融资依赖度之后，将每一个行业中所有公司外部融资依赖度的中位数作为该行业本年度的外部融资依赖值，然后取行业外部融资依赖度时间序列的中位数作为某一行业的外部融资依赖度（EFDi）（Hsu et al.，2014；Acharya and Xu，2017）。本研究将样本企业2008—2017年的EFD值按百分位数进行了排序，得到每一个行业的外部融资依赖指数（EFD_{ik}），该指数越高，表示该行业对外部融资的依赖度越大。

（2）创新指标。本研究将企业创新分为两个过程，创新投入和创新产出。用研发投资来衡量企业创新投入的大小，用专利申请数量/研发投资来衡量企业创新产出的效率（Hall and Harhoff，2012；Biggerstaff et al.，2019）。

（3）政府研发补贴。包括政府给予企业的科技项目补助、科技人才奖励、税收优惠、贴现贷款及其他与创新有关的项目。

另外，将公司规模、公司成立年限、现金资产、固定资产、资产负债率、资产收益率和产权性质作为控制变量。主要变量及测量方式如表6-1所示。

表6-1 变量描述

变量	符号	变量测量方式
研发投资	ln$spend$	研发支出总额的自然对数
专利申请数	$Apply$	一年内专利申请数量
创新质量	$QApply$	发明专利申请数/专利申请数量
政府研发补贴	ln$subsidy$	政府研发补贴总额的自然对数
行业外部融资依赖度	EFD_i	$EFD_i > 0$ 为外部融资依赖，$EFD_i \leqslant 0$ 为内部融资依赖
行业外部融资依赖指数	EFD_{ik}	EFD_i 的百分位数
现金资产	$Cash$	现金资产/总资产
固定资产	$Tangible$	固定资产/总资产
企业规模	ln$assets$	总资产的自然对数
资本性支出占比	$capex$	资本性支出/总资产

（续）

变量	符号	变量测量方式
资产收益率	ROA	净利润/总资产
资产负债率	Lev	负债总额/总资产
成立年限	Age	公司成立的时间
产权性质	$Ownership$	虚拟变量，国有企业取值为 1，非国有企业取值为 0
行业固定效应	η_k	行业虚拟变量
时间固定效应	ζ_t	年份虚拟变量

6.3.2　数据和描述性统计

本研究的原始样本包括在上海证券交易所和深圳证券交易所上市的所有发行内资股（A 股）的公司。为衡量创新活动，本研究从 CSMAR 数据库中收集了 2008—2017 年（2007 年中国证监会要求上市公司和即将上市公司进行研发支出的相关信息披露。自 2007 年 1 月 1 日起，研发支出项目已被要求纳入上市公司年报，因此大部分公司在 2006 年或 2007 年开始披露研发支出）。

本研究从国泰安数据库（CSMAR）收集了样本企业 2008—2017 年的相关数据。其中，企业基本信息和财务数据来自国泰安数据库（CSMAR）和锐思数据库（RESSET），创新数据和政府研发补贴数据来自国泰安数据库（CSMAR），部分行业数据如固定资产投资数据来源于《中国经济统计信息网》。本研究采用中国证监会 2017 年最新发布的行业分类标准作为行业划分依据。本研究将企业财务数据、企业基本信息、创新相关数据、政府研发补贴数据等，按照上市公司的股票代码和会计期间进行合并，构建了非平衡面板数据库。为了避免统计偏差，研究样本剔除了退市企业以及主要变量缺失的企业，还删除了那些缺少研发支出和专利数据的公司。样本中有来自 16 个不同行业的 2 121 家公司，包含 8 540 个观察值。为了避免异常值对估计结果的影响，对现金比率、总资产、资产收益率、负债率和固定资产比率进行两端分别为 1% 和 99% 的缩尾处理。

表 6-2 给出了样本数据的主要描述性统计结果。研发投资和政府研发补贴的变化范围比较大，研发投资最小值为 7.409，最大值为 25.025；

政府研发补贴最小值为 0，最大值为 24.642。专利申请数量也相差很大，这反映了我国企业创新活动开展并不均衡。专利质量平均值（$QApply$）为 0.46，这意味着企业发明专利数量不到专利申请数量的一半，相比之下，能代表高水平创新的发明专利规模还处于较低水平，大多数专利为实用新型专利和外观设计专利。EFD_i 的数值从 -0.784 到 0.78，均值为 0.162，说明我国各行业的外部融资依赖程度差别较大，且从均值来看，表明中国外部融资依赖的行业多于内部融资依赖的行业。表 6-2 还展示了公司层面的控制变量描述性统计结果。样本公司的平均年龄为 13.6 年。如果企业是国有企业，则"$ownership$"的值为 1，私营企业为 0，该控制变量均值为 0.321，表明样本企业中私营企业占多数。

表 6-2 描述性统计

变量	样本量	均值	标准差	最小值	最大值
ln$spend$	8 540	17.562	1.392	7.409	25.025
$Apply$	8 540	71.669	339.304	1	17 656
$QApply$	8 540	0.458	0.314	0	1
ln$subsidy$	8 540	16.121	1.935	0	24.642
EFD_i	8 540	0.162	0.151	-0.784	0.78
EFD_{ik}	8 540	0.628	0.112	0.058	1
age	8 540	13.621	5.54	1	48
$cash$	8 540	0.227	0.167	0.001	0.923
$fixed$	8 540	0.219	0.143	0	0.872
$intangible$	8 540	0.047	0.046	0	0.655
ROA	8 540	0.053	0.065	-1.013	1.207
ln$assets$	8 540	21.813	1.245	19.156	28.504
$ownership$	8 540	0.321	0.467	0	1
lev	8 540	0.386	0.209	0.008	2.024
$capex$	8 540	0.058	0.053	-0.295	0.603

图 6-6 展示了对创新和政府补贴基本情况的描述。EFD_i 为正值的行业被视为外部融资依赖行业（EFD 行业），否则视为内部融资依赖行业（IFD 行业）。对于 EFD 和 IFD 行业，政府研发补贴的平均值非常接近，研发投资也比较接近，但是，创新产出在专利申请数量上差异很大，EFD

行业表现更好。

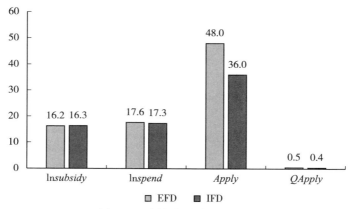

图 6-6　创新与政府研发补贴

　　注：lnsubsidy 和 lnspend 分别是企业研发投资支出和政府研发补贴的对数形式。Apply 是指专利申请的数量。QApply 是指发明专利的比例。图中所有数值都是 IFD 和 EFD 行业的平均值。

6.3.3　单变量分析

　　表 6-3 报告了单变量分析结果。本研究根据政府研发补贴均值将样本分为高补贴组和低补贴组，对比分析了样本企业特征和创新活动的均值是否具有显著性差异。结果表明，高补贴组的企业规模更大（22.23 vs 21.58），成立时间更短（14.78 vs 15.62），与低补贴组相比，高补贴组企业持有的有形资产更多（24.07 vs 21.05）而现金资产更少（18.99 vs 20.25）。另外，高补贴组的平均负债率为 45.61%，低补贴组的平均负债率为 40.87%。在所有权方面，相对于私有企业和其他企业，更多国有企业获得了较高的政府研发补贴，可见，在获得政府研发补贴方面，国有企业具有比较优势。

表 6-3　双样本 T 检验

	lnassets	Cash	Tangible	ROA	Lev.
高补贴组	22.23	18.99	24.07	5.19	45.61
低补贴组	21.58	20.25	21.05	4.97	40.87
均值差	0.65	−1.26	3.02	2.18	0.03
t 检验	42.60	−6.47	13.48	2.91	6.33

（续）

	Age	Ownership	lnspend	Apply	QApply
高补贴组	14.78	0.45	17.79	48.58	0.46
低补贴组	15.62	0.37	17.18	7.83	0.42
均值差	−0.84	0.08	0.61	40.75	0.04
t 检验	−11.29	12.14	26.18	15.94	6.51

注：根据政府研发补贴均值将样本分为高政府补贴企业和低政府补贴企业，当年研发补贴金额超过均值的企业视为高补贴企业，当年研发补贴金额低于均值的企业视为低补贴企业。应用双样本 t 检验来比较两组的特征。

对于创新活动来说，表 6 - 3 显示，获得高研发补贴的公司在研发上投入的资金为 17.79，而低研发补贴的公司则为 17.18。差异为 0.61。在创新活动产出方面，高补贴企业的专利申请明显多于低补贴企业（49 vs 8）。从专利质量来看，高补贴企业的发明专利申请略多于低补贴企业（0.46 vs 0.42）。以上统计结果，均通过了显著性检验，具有统计学意义。该结果初步显示，政府研发补贴能促进企业的创新投资、提高创新产出数量和创新产出的质量。

6.3.4　模型设计

为了验证政府研发补贴对企业创新的影响以及外部融资依赖的调节作用，本研究将所有企业分为外部融资依赖行业（EFD 行业）和内部融资依赖行业（IFD 行业）。借鉴 Hsu 等（2014）和 Acharya & Xu（2017）的研究方法，采用固定效应模型，分别对 EFD 行业和 IFD 行业进行实证检验。该模型加入了外部融资依赖度和政府研发补贴的交互项，因此可以分别验证研发补贴的"资助效应"和"认证效应"。β_1 衡量政府补贴对创新的直接影响，即"资助效应"，β_3 衡量政府研发补贴通过 EFD 渠道发挥"认证效应"。具体研究模型设计如下：

$$y_{ikt} = \beta_0 + \beta_1 lnsubsidy_{ikt} + \beta_2 EFD_{ik} + \beta_3 lnsubsidy_{ikt} \times \\ EFD_{ik} + \beta_4 x_{ikt} + \eta_k + \zeta_t + \varepsilon_{ikt} \tag{6-1}$$

式中，y_{ikt} 为企业创新包括创新投资、创新产出数量和创新质量，$lnsubsidy_{ikt}$ 为企业每年的政府研发补贴数值的自然对数，EFD_{ik} 是各个行业外部融资依赖指数，x_{ikt} 是一系列影响公司创新活动的特征变量，η_k 和 ζ_t 分别控制行业固定效应和时间固定效应，ε_{ikt} 为随机变量。由于政府补贴在资本市场中存在"认证效应"，这个作用机制通过外部融资依赖这个通道让外部融资依赖的企业获得更多的后续资金，以支持创新活动。因此，EFD 的调节作用可以看作 β_1 在 EFD 与 IFD 行业的差异。

本研究根据因变量的特点，对模型采用了不同的估计方法。首先，当因变量是研发支出时，本研究采用了混合 OLS 回归方法。其次，当因变量为申请专利数量（非负整数），且均值远小于方差时，采用了负二项式回归方法。考虑到发明专利的比例从 0 截断，因此本研究采用了 Tobit 模型进行回归估计。

$$y^* = \beta' x_i + u_i$$

$$y_i^* = \begin{cases} y_i^* = 0, & \text{if } y^* = 0 \\ y_i^* = y^*, & \text{if } y^* > 0 \end{cases} \qquad (6-2)$$

式中，y_i^* 是发明专利的比例，取值从 0 到 1；x_i 是自变量，定义与模型（6-1）相同。

6.3.5 全样本回归

政府补贴可能会通过"资助效应"和"认证效应"影响公司的研发投资。从回归模型来看，政府研发补贴的系数可以反映"资助效应"，而政府研发补贴与 EFD 交互项的系数从技术上反映了政府研发补贴的认证效果。这两种效应的总和就是政府补贴对企业创新的总效应。表 6-4 报告了对全样本企业的研发投资支出、专利申请数量和专利质量的回归结果。

表 6-4 总样本回归结果

因变量	ln*spend*	*Apply*	*QApply*
ln*subsidy*	0.277***	0.102***	0.032***
	(16.66)	(2.48)	(5.65)
EFD_{ik}	−0.168*	−2.646***	0.036***
	(−1.85)	(−2.65)	(2.39)
ln*subsidy* EFD_{ik}	0.026 4*	0.229***	−0.009*
	(1.65)	(3.67)	(−1.66)

（续）

因变量	ln*spend*	*Apply*	*QApply*
age	−0.018***	−0.013***	0.002***
	(−7.92)	(−5.57)	(2.01)
cash	−0.345***	−0.200***	0.066***
	(−3.76)	(−2.82)	(2.15)
intangible	−2.089***	0.293	0.023
	(−8.33)	(1.03)	(1.54)
fixed	−0.764***	−1.288***	0.049
	(−8.07)	(−12.39)	(0.27)
ln*assets*	0.653***	0.477***	0.003
	(45.35)	(31.62)	(0.57)
ROA	1.450***	0.821***	0.161*
	(4.63)	(4.00)	(1.81)
leverage	−0.484***	−0.134	−0.122***
	(−6.13)	(−1.53)	(−4.60)
stateownership	−0.003	−0.034	0.047***
	(−0.13)	(−1.53)	(5.10)
capex	0.917***	0.815***	0.511***
	(4.07)	(3.19)	(6.76)
_*cons*	2.76***	−8.553***	0.378***
	(7.36)	(−13.11)	(3.46)
η_k	control	control	control
ζ_t	control	control	control
N	8 495	8 495	8 176
Adjusted R^2	0.488		
significance	0.000	0.000	0.000

注：***、**、*分别表示在1%、5%、10%的显著性水平，括号内为 t 统计量值。

因变量是研发支出、专利申请数量和发明专利/所有专利申请量。三种数据类型通过三种不同的估计方法进行回归：研发支出采用混合 OLS 回归、专利申请数量采用负二项式回归和发明专利占比采用 Tobit 模型。回归中所有变量的检验统计量和标准误都对异方差性渐近稳健。

表 6 - 4 第一列给出了因变量为研发投资支出的回归结果。

ln$subsidy_{ikt}$对$R\&D$支出的回归系数为 0.277，为正值，且在 1% 的水平上显著。此外，交互项系数为 0.026 4，通过了 10% 的显著性水平检验。这表明政府研发补贴对更依赖外部融资的行业企业来说具有更强的促进作用。该回归结果与假设 H2 相符。EFD 对研发投资的回归系数为 -0.168，且在 10% 的水平上显著，说明外部融资依赖与研发支出之间呈现负相关关系，支持研究假设 H1b。这表明外部融资依赖程度越高意味着企业将面临更多的研发融资约束。

表格 6-4 第二列给出了因变量为专利申请数量的回归结果。ln$subsidy_{ikt}$对$Apply$的回归系数为 0.102，为正值，且在 1% 的水平上显著。交互项的回归系数为 0.229，通过了 1% 的显著性水平检验。回归结果说明政府研发补贴的"资助效应"和"认证效应"都为正，这与研究假设 H1a 一致。

表格 6-4 第三列给出了 Tobit 模型的回归结果，其因变量为发明专利申请数量占总专利申请数量的比例。从回归结果来看，政府补贴对发明专利占比的回归系数为正，且在 1% 的水平上显著，说明政府研发补贴与创新质量呈正相关关系，但交互项的回归系数为 -0.009，在 10% 的水平上显著，说明外部融资依赖程度越高，政府研发补贴就对企业创新质量的影响就越不利。

在这种情况下，政府补贴对创新质量的总体效应为"资助效应"和"认证效应"的加总，最终总效应为正。但须明确，政府研发补贴的"认证效应"并不能提高外部融资依赖行业企业的创新质量，因此研究假设 H3 只能得到部分支持。

通过以上对三个因变量的回归结果分析，可以看出，政府研发补贴对研发投资具有积极的"资助效应"和"认证效应"。对专利申请数量和质量的回归结果表明，政府研发补贴可以提高企业的创新数量和质量，对于更依赖外部融资的行业，这种影响对创新数量（而不是质量）的影响更大。

从基准回归结果来看，企业年龄变量与研发投资和专利申请数量呈负相关关系，与发明专利占比呈负相关关系。这说明越年轻的公司在研发活动上投入的资金越多，创新产出也越多，但是创新产出的质量并不高。从现金资产的回归系数来看，现金类资产对研发投资和专利数量的系数分别是-0.345和-0.200，且都通过了10%的显著性水平检验，这说明企业研发投资会减少现金类资产的持有。现金类资产对发明专利占比的回归系数为0.066，这说明企业持有的现金类资产越多，面临的资金约束越少，就越注重创新质量，能保证长期的、持续的研发投资，进而获得更多的实质性的技术进步。

从固定资产的回归系数来看，其对研发投资和专利数量的系数分别是-0.764和-1.288，且在1%的水平上显著，这说明固定资产投资占比越多，对无形资产的投资就相对减少，创新产出的数量就会减少。从资产规模来看，其对研发投资的回归系数为0.653，对专利申请数量的回归系数为0.477，两者都通过了1%的显著性水平检验，说明企业规模越大，研发投资越多，创新产出越多。可见，我国目前的创新活动主要以大公司为主。企业资产报酬率（ROA）对创新活动的三个回归系数都为正，且显著，说明企业利润率越高，研发支出越大、创新产出越多、创新质量越高。而对于资产负债率来说，对创新活动的回归系数均为负值，除了与专利申请数量的关系没有通过显著性水平检验外，其他两项都呈现负相关关系。说明了企业负债水平越高，研发投资越少。在中国，银行借款依然是主要的外部融资方式，当企业资产负债率高时，按照之前的分析，企业的外部融资依赖越高，可能面临的融资约束加剧，进而不得不减少对研发活动的投资。但是，外部融资依赖高的企业，接受的外部监督更多，因此，资金利用效率会更高，因此，创新产出中，更有价值的发明专利占比会越高。企业产权和创新活动的关系，在总样本回归中表现不明显，本研究将对其进行进一步的验证分析。

基本模型的回归结果表明，外部融资依赖程度与研发投资呈负相关，政府补贴可以提高研发投资和创新数量，对于依赖外部融资的行业企业这种影响更大。这不仅证明政府研发补贴对研发活动具有激励作用，也表明中国资本市场存在融资摩擦。

6.3.6 分组回归

RZ认为，外部融资依赖是指在完善的资本市场中，通过技术手段得到的外部融资需求，基本反映了企业真实的外部融资需求。但在中国，资本市场尚处于建设阶段，存在严重的融资摩擦，因此，相同方法下，计算得出的外部融资依赖无法反映企业对外融资额的真实需求，它只能反映企业实际获得的外部资本。一家公司能获得多少外部资金，不仅与其自身的融资能力有关，还与行业特点有关。本研究假设不同的外部融资依赖程度反映了企业不同的融资情况。根据这个假设前提，政府研发补贴将在不同外部融资依赖的企业的研发活动中发挥不同的"资助"和"认证"作用。为了更具体地了解政府研发补贴的作用机制，进一步验证研究假设 H4，本研究根据外部融资依赖程度将总样本按照 EFD_i 的大小（取值范围为 $-0.784 \sim 0.780$），分为四个子样本组进行了分组的回归分析。EFD_i 从 -0.78 到 0 的子组可以看作是 IFD 行业，EFD_i 从 0 到 0.78 的子组可以看作是 EFD 行业。具体而言，外部融资依赖度低于 IFD 行业 EFD_i 均值的企业可被视为过度依赖内部融资。同样，外部融资依赖度高于 EFD 行业 EFD_i 均值的企业可以被视为过度依赖外部融资。本研究根据 EFD_i 的四分位数将样本分为四个亚组。它们是第一组（$EFD_i < -0.4$）：过度依赖内部融资；第二组（$-0.4 < EFD_i < 0$）：相对依赖内部融资；第三组（$0 < EFD_i < 0.4$）：相对依赖外部融资；第 4 组（$EFD_i > 0.4$）：过度依赖外部融资。政府补贴可能会通过资助或认证机制影响公司的研发投资。从我们的回归模型来看，$\ln subsidy$ 的系数可以认为是"资助效应"，而交互系数在技术上是指"认证机制"。

本研究遵循 Fazzari 等（1988）的研究思路来解释估计结果，即如果公司的研发支出对代表财务资源的特定度量表现出敏感性，例如外部融资，那么就可以得出结论，认定这些公司存在外部融资约束。表 6-5 显示了 EFD 分组回归的结果。

表 6-5　EFD 分组回归结果

Dependent variable: R&D expenditure				
	Group 1:	Group 2:	Group 3:	Group 4:
EFD_{ik}	-6.552^{***}	2.689^{***}	0.588^{***}	-0.037
	(-2.39)	(5.01)	(7.98)	(0.036)

（续）

Dependent variable：R&D expenditure				
	Group 1：	Group 2：	Group 3：	Group 4：
ln$subsidy_{ikt}$	−2.485	2.103***	0.295***	−0.624***
	(−0.15)	(2.99)	(14.79)	(−2.60)
ln$subsidy_{ikt} \times EFD_{ik}$	−0.992	1.160***	−0.053	0.440***
	(−0.18)	(2.83)	(−1.13)	(3.08)
Adiust R^2	0.47	0.47	0.50	0.52

注：样本中有 16 个不同行业，EFD 度范围为−0.784～0.780。 ***、**、* 分别表示在 1%、5%、10% 的显著性水平，括号内为 t 统计量值。

在第 1 组的回归结果中，政府研发补贴对研发支出的系数未通过显著性水平检验，不具有统计学意义，因此，说明无法确定二者之间的关系，那么在这个亚分组的回归中，政府补贴也就不能成为影响研发支出的因素。潜在的解释是公司可能拥有足够的内部资本，因此他们几乎没有动力寻求政府补贴或有效地使用它。从实证结果来看，政府补贴对研发投入没有显著影响。此外，认证机制也没有发挥作用，原因可能是因为公司内部资金充足，不需要吸收外部融资。

在第 2 组回归结果中，ln$subsidy_{ikt}$ 的系数为 2.103，是四个亚组中最大的，说明在这个亚组中，政府研发补贴发挥了最强的"资助效应"，其对研发投资的直接促进作用最大。如果外部融资成本劣势很小，当内部资金不足时，企业则会利用外部资金来平滑研发投资。如果内部资本和外部资本的成本差距很大，企业还将以内部资本作为研发投资的主要来源，以降低融资成本（Fazzari et al.，1988）。这个研究结果与之前的理论分析是一致的。EFD_{ik} 的回归系数为 2.689，在 1% 的水平上显著，这意味着外部融资与研发支出呈正相关关系，这与 Gorodnichenko & Schnitzer 的研究一致（Gorodnichenko & Schnitzer，2013），说明在这一外部融资依赖水平上，扩大外部融资可以促进企业的研发投资。同时，交互项回归系数为 1.160，通过了 1% 的显著性检验，这意味着政府研发补贴的认证机制对研发投资发挥了重要作用，政府补贴减少了资本市场与企业之间的信息不对称，有助于企业获取后续的外部资金。在这个亚组中，我们验证了政府研发补贴的两种效应都促进了研发投资。

在第 3 组的回归结果中，$\ln subsidy_{ikt}$ 的系数为 0.295，显著性水平为 1%，表明政府研发补贴与研发支出正相关，"资助效应"得到证实。但本组中的交互项系数没有通过显著性水平检验，不具有统计学意义，因此，无法推断"认证机制"对企业研发投资的影响效果。

在第 4 组中，EFD_i 值最高，企业对外部资本的依赖度也最高。$\ln subsidy_{ikt}$ 的回归系数为 -0.624，且在 1% 的水平上显著，这意味着政府研发补贴在不考虑认证效应的情况下对研发投资表现出了"挤出效应"，即研发补贴的提高并没有直接增加企业研发投资，企业反而将自有资金转向了其他项目。潜在解释是，企业在申请政府补贴时，前期积极投资研发活动，以证明自己的创新能力，使自己在众多申请对象中表现得更加突出，从而有利于企业获得政府补贴，但是，一旦企业获得政府补贴，就会减少自有资金对研发活动的投入。这可以称作是对创新的战术性投资（黎文靖和郑曼妮，2016)，不具有持续性。然而，交互项的系数显著为正，为 0.440，表明在这个 EFD 水平上，政府研发补贴的"认证效应"是存在的，是正向的。两种效应合并后，政府补贴的总体效应为负，表明政府 $R\&D$ 补贴对该亚组的研发投资具有挤出效应。

总结四个分组回归的结果，研究得出政府研发补贴在外部融资依赖程度不同的行业中发挥了不同的"资助效应"和"认证效应"。这个研究结果与研究假设 H4 一致。

6.3.7 稳健性检验

1. 2SLS＋IV

实证结果表明，政府研发补贴促进了企业的创新，特别是对于更加依赖外部融资的行业和企业。然而，研究设计可能存在一个内生性问题，那就是能获得政府研发补贴的企业本身就是创新投入较多、创新能力较强的企业，并非是获得了研发补贴之后才提高了研发投资和创新产出。所以，对于获得政府研发补贴的内生性问题是一个担忧。同时，政府在做出这些补贴投向决定可能更多地考虑了行业发展层面的宏观经济因素，进而使得某个行业的企业更容易申请到国家的研发补贴。如果存在这样的内生性问题，那研究模型使用 OLS 回归估计得出的结果将有偏差。为了进一步确保研究结果不受此类潜在偏差的影响，本研究为政府研发补贴构造了新的工具变量，采用 2SLS 方法进行稳健性检验。

两阶段最小二乘法（two stage least square）简称 2SLS 或者 TSLS，是一种计量经济学方法。工具变量（instrumental variable，IV）是计量经济学中常用于解决内生性问题的一种方法。在设定的回归模型中，如果解释变量与误差项存在相关关系，则说明模型存在内生性问题，使用常规的最小二乘法得出的回归结果会产生偏差，而使用工具变量法就能够得到一致的估计量。

那么为什么会存在内生性问题呢？这是因为在建模过程中，可能存在某个关键变量被忽略或者出现测量误差的情况，一般的线性回归方法会得到与真实情况不一致的估计参数。如果能找到合理的工具变量，那么我们仍然可以得到一致的估计量。Pearl 于 2000 年巧妙地运用反证法和图形评价法正式提出了工具变量的定义。2008 年，著名计量经济学家 Heckman 讨论了因果律在计量经济学中的应用，以及与工具变量和其他方法尤其是 heckman 两阶段法之间的关系。根据定义，工具变量应该是一个不存在于原解释方程，但与内生解释变量密切相关的变量。在线性模型中，一个有效的工具变量应该满足以下两点：

（1）工具变量和内生解释变量存在相关关系。

（2）工具变量和误差项不相关，也就是说工具变量具有严格外生性。

基于 Shleifer & Vishny（1994）对官员和企业家之间双向贿赂和寻租活动的研究结论，Li 和 Zheng（2016）提出，当中国政府官员选择被补贴企业时，他们会优先补贴那些自身资金充足并具有较大发展潜力的企业，这主要是出于权力寻租和地方政绩的考量。因为这样的企业通常财力雄厚，可以向政府官员输送利益，同时，这样的企业资金充足，可以保证创新的持续投资，创新成功的概率更高。因此，本研究将行业层面固定资产投资中"自有资金"（标注为"$self fund$"）所占的比重作为获得政府研发补贴的工具变量。因为自有资金在固定资产投资中的比重越大，行业内部资金就越充裕，发展潜力越大，行业经营状况也越好。政府出于资源配置效率和追求补助效果的原因，会优先考虑将政府资金分配给这些行业。同时，本研究构建的工具变量数据来自行业层面，不直接影响某一企业的研发投入。因此，它满足工具变量外生性的要求。同时，行业固定资产投资中自筹资金较多，说明行业发展良好，政府研发补贴更愿意投资于这些行业。工具变量又与企业的研发投入相关。对照工具变量的定义，本研究选择的工具变量满足上文提到的要求，是一个有效的工具变量。

表 6-6 显示了 2SLS 回归的结果。第一阶段回归表明"自有资金"的系数为正且显著，这意味着更多的内部资金将导致更多的政府研发补贴。该结果与先前的分析一致，因此该工具变量是有效的。2SLS 第二阶段"资助"效应和"认证"效应得到确认。2SLS 回归结果表明，在解决政府研发补贴的潜在内生性问题后，估计结果仍然是稳健的。

表 6-6　IV 估计结果

First-stage

Dependent variable	$\ln subsidy_{ikt}$	$\ln subsidy_{ikt}$ EFDik
$self\,fund$	1.067***	1.824***
	(10.08)	(17.12)
$Adj-R^2$	0.41	0.055

Instrumental variables（2SLS）regression
Dependent variable：R&D expenditure

$\ln subsidy_{ikt}$	0.975***
	(3.61)
EFD_{ik}	−0.080*
	(−1.89)
$\ln subsidy_{ikt} \times EFD_{ik}$	2.004***
	(10.31)

注：$self\,fund$ 为自有资金在固定资产投资中的比重，是 $\ln subsidy_{ikt}$ 和 交互项 $\ln subsidy_{ikt} \times EFD_{ik}$ 的工具变量。在两阶段回归中，第一阶段的回归结果表明"$self\,fund$"的系数为正且显著，这意味着更多的内部资金将导致更多的政府研发补贴。***、**、* 分别表示在 1%、5%、10% 的显著性水平，括号内为 t 统计量值。

本研究还对创新的另外两个因变量"$Apply$"和"$QApply$"的模型进行了 2SLS 回归，结果也与前面的基准回归是一致的。

2. 固定效应模型回归

考虑到混合 OLS 回归可能会因为存在观察不到的公司特征而产生偏差，影响回归结果，为了校正不同企业可能存在的固定效应，即个体未观察到的异质性（Mairesse 和 Mohnen，2010），本研究采用了"固定效应"模型分别对 EFD 行业和 IFD 行业的企业进行了稳健性检验。

$$y_{ikt} = \beta_0 + \beta_1 \ln subsidy_{ikt} + \beta_2 X_{ikt} + \zeta_t + \varepsilon_{ikt} \qquad (6-3)$$

表 6-7 展示了固定效应的回归结果。固定效应估计结果表明，政府研发补贴对研发投资和专利申请数量的回归系数分别是 0.073 和 5.690，都通过了 1% 的显著性水平检验，说明二者之间存在显著的正相关关系，表明政府研发补贴对 EFD 行业的促进作用比较明显。在 IFD 行业中，政府研发补贴的三次回归结果都不显著。所以，固定效应回归结果表明政府研发补贴对 EFD 行业企业的激励作用更大，这与基准回归的估计结果是一致的。

表 6-7　固定效应回归结果

	Panel A：EFD 行业		
	ln*spend*	*Apply*	*QApply*
ln*subsidy*	0.073***	5.690***	−0.006
	(5.79)	(3.92)	(−0.89)
	Panel B：IFD 行业		
	ln*spend*	*Apply*	*QApply*
ln*subsidy*	0.033	−0.480	0.051
	(0.40)	(−0.10)	(1.46)

注：***、**、* 分别表示在 1%、5%、10% 的显著性水平，括号内为 t 统计量值。

总体而言，以上研究结果支持政府研发补贴可以激发外部融资依赖的行业企业的创新活动的观点，此外，分组回归结果表明，政府研发补贴对不同 EFD 水平的行业激励效应机制存在差异。

以上实证分析中涉及的外部融资依赖都是基于企业数据计算得出的行业平均水平，能够综合反映行业内同类企业的一般情况。行业是国民经济中进行同性质生产或经营的单位的集合。每一个行业都会有自身的特点，如果只进行企业微观层面的分析，我们不会发现其他同类企业的情况。而这在充满着高度竞争的现代经济中是非常重要的。另外，企业自身的财务状况或盈利能力不完全是由企业自身决定的，还会受到行业所处生命周期阶段的影响。一个新兴企业往往面临向上发展的市场规模，而一个夕阳产业的市场份额是注定萎缩的。这也是为什么我们从行业入手进行分析的重要原因。根据中国证监会 2016 年最新的行业分类标准，我国的行业共有 19 个门类，90 个大类。本研究按照筛选样本企业的行业归属，计算了每个行业的外部融资依赖度，具体如表 6-8 所示。

表 6-8　行业的外部融资依赖度

行业大类	行业代码	EFD_i	EFD_{ik}
农林牧渔业	A	0.45	0.71
采掘业	B	−0.09	0.35
制造业	C	0.16	0.65
电力煤气及水的生产和供应业	D	0.02	0.53
建筑业	E	0.67	0.94
批发和零售业	F	0.01	0.41
交通运输、仓储和邮政业	G	−0.12	0.29
住宿和餐饮业	H	−0.37	0.18
信息传输、软件和信息技术服务业	I	0.01	0.47
金融业	J		
房地产业	K	0.78	1.00
租赁和商业服务业	L	0.53	0.82
科学研究和技术服务业	M	0.16	0.59
水利、环境和公共设施管理	N	0.48	0.76
居民服务、修理和其他服务业	O	−0.87	0.00
教育业	P	−0.78	0.06
卫生和社会工作	Q	−0.15	0.24
文化、体育和娱乐业	R	−0.67	0.12
综合	S	0.58	0.88

　　根据分组回归的结果，考虑到补贴的有效性，政策制定者在投放政府

研发补贴时，应该更倾向于补贴第二组和第三组行业的企业，它们是"交通运输、仓储和邮政业""信息传输、软件和信息技术服务""电力、煤气及水的生产和供应业""科学研究和技术服务业"和"制造业"等，第二个选择可以是第四组中的行业。

6.4　制造业细分行业的实证研究

制造业是实体经济的主体，是技术创新的主战场。2013 年 4 月，德国政府正式推出"工业 4.0"战略，而我国也提出了"中国制造 2 025"战略。中国的创新根本在于企业的创新，中国企业的创新根本在于制造业。作为中国的支柱产业，制造业扮演着推动经济转型的排头兵的任务。在中国经济社会转型的关口，提升企业创新能力、激发企业创新活力，乃制造业升级之本。2017 年 5 月 17 日，国务院常务会议部署以试点示范推进《中国制造 2025》战略深入实施，促进制造业转型升级。会议强调了要以市场为导向，以企业为主体，强化创新驱动和政策激励，促进整个制造业向智能化、绿色化和服务型升级，加快建设制造强国。

近年来，国际形势错综复杂，经济环境尚不稳定，尤其是 2008 年金融危机爆发以来，我国制造业遭受了前所未有的困难和挑战。在这种情形下，制造业企业单纯依靠自身力量推动创新变得更加艰难。因此，政府的研发补贴则成为激励企业创新的"看得见的手"，来纠正市场失灵现象，推动制造业产业结构战略升级。从前面的实证分析可以看出，尽管我国政府对各个行业的研发补贴数额逐年增加，力度加大，但对各个行业企业的创新活动影响却存在较大差别。为了更加具体地研究政府研发补贴对制造业企业研发创新的作用效果，最大化政府补贴对于制造业企业创新投入的促进作用，本研究选取了中国上交所和深交所上市的制造业企业作为研究样本，进一步探究了制造业细分行业的外部融资依赖、政府研发补贴与企业创新的关系。

根据前文的理论分析，本环节提出的研究假设如下：

H5：对制造业来说，政府研发补贴对企业研发投资具有促进作用，且这种促进作用在外部融资依赖行业表现得更加显著。

H6：对制造业来说，政府研发补贴对企业创新效率具有促进作用，且这种促进作用在外部融资依赖行业表现得更加显著。

6.4.1 变量测量

1. 外部融资依赖

RZ 的开创性研究表明，外部融资依赖具有行业差异性，他们以美国企业数据为例，给出了计算行业外部融资依赖度的方法，即资本性支出减去内部现金流。Acharya 和 Xu（2017）将研发投资作为资本性支出的一部分，改进了外部融资依赖的测度。本研究借鉴以上学者的研究，对制造业企业的外部融资依赖（EFD）计算如下：

$$EFD = \frac{资本性支出＋研发支出－经营性现金流}{资本性支出＋研发支出}$$

计算出每个公司的外部融资依赖度之后，将每一个行业中所有公司 EFD 的中位数作为该行业本年度的 EFD 值，然后取行业 EFD 时间序列的中位数作为某一行业的外部融资依赖度（EFD_i）（Hsu et al.，2014；Acharya and Xu，2017）。接下来将行业的 EFD 值按百分位数进行排序，得到每一个细分制造业行业的外部融资依赖指数（EFD_{ik}）。指数越高，表示该行业对外部融资的依赖度越大（表 6 - 9）。

表 6 - 9　制造业细分行业的外部融资依赖度

序号	行业代码	细分行业	EFD_i	EFD_{ik}
1	C13	农副食品加工业	0.32	0.733
2	C14	食品制造业	−0.05	0.311
3	C15	酒、饮料和精制茶制造业	−1.07	0
4	C16	烟草制造业		
5	C17	纺织业	−0.02	0.355
6	C18	纺织服装、服饰业	−0.38	0.111
7	C19	皮革、毛皮、羽毛及其制品和制鞋业	−0.06	0.288
8	C20	木材加工及木、竹、藤、棕、草制品业	−0.10	0.222
9	C21	家具制造业	0.11	0.511
10	C22	造纸及纸制品业	0.26	0.711

（续）

序号	行业代码	细分行业	EFD_i	EFD_{ik}
11	C23	印刷和记录媒介复制业	−0.70	0.066
12	C24	文教、工美、体育和娱乐用品制造业	0.05	0.488
13	C25	石油化工、炼焦及核燃料加工业	0.16	0.600
14	C26	化学原料及化学制品制造业	0.14	0.577
15	C27	医药制造业	−0.08	0.266
16	C28	化学纤维制造业	0.11	0.533
17	C29	橡胶和塑料制品业	0.25	0.688
18	C30	非金属矿物制品业	0.33	0.755
19	C31	黑色金属冶炼及压延加工业	−0.04	0.333
20	C32	有色金属冶炼及压延加工业	0.57	0.911
21	C33	金属制品业	0.03	0.444
22	C34	通用设备制造业	0.23	0.644
23	C35	专用设备制造业	0.35	0.777
24	C36	汽车制造业	0.14	0.555
25	C37	铁路、船舶、航空航天和其他运输设备制造业	0.50	0.866
26	C38	电气机械及器材制造业	0.24	0.666
27	C39	计算机、通信和其他电子设备制造业	0.41	0.800
28	C40	仪器仪表制造业	0.03	0.466
29	C41	其他制造业	−0.34	0.155
30	C42	废弃资源综合利用业	1.24	1.000

2. 创新指标

本研究将企业创新分为两个过程，即创新投入和创新产出。用研发投资来衡量企业创新投入的大小，用专利申请数量/研发投资来衡量企业创新产出的效率（Hall and Harhoff，2012；Biggerstaff et al.，2019）。

3. 政府研发补贴

包括政府给予企业的科技项目补助、科技人才奖励、税收优惠、贴现贷款及其他与创新有关的项目。

另外，将公司规模、公司成立年限、现金资产、固定资产、资产负债率、资产收益率和产权性质作为控制变量。主要变量及测量方式如表 6 - 10 所示。

表 6 - 10　变量描述

变量	符号	变量测量方式
研发投资	ln$spend$	研发支出总额的自然对数
专利申请数	$Apply$	一年内专利申请数量
创新效率	$Efficiency$	专利申请数/研发投资
政府研发补贴	ln$subsidy$	政府研发补贴总额的自然对数
行业外部融资依赖度	EFD_i	$EFD_i > 0$ 为外部融资依赖，$EFD_i \leqslant 0$ 为内部融资依赖
行业外部融资依赖指数	EFD_{ik}	EFD_i 的百分位数
现金资产	$Cash$	现金资产/总资产
固定资产	$Tangible$	固定资产/总资产
企业规模	ln$assets$	总资产的自然对数
资产收益率	ROA	净利润/总资产
资产负债率	Lev	负债总额/总资产
成立年限	Age	公司成立的时间
产权性质	$Ownership$	虚拟变量，国有企业取值为 1，非国有企业取值为 0
行业固定效应	η_k	行业虚拟变量
时间固定效应	ζ_t	年份虚拟变量

6.4.2　模型设计

为了验证政府研发补贴对企业创新的影响以及外部融资依赖的调节作用，本研究将所有企业分为外部融资依赖行业（EFD 行业）和内部融资依赖行业（IFD 行业）。借鉴 Hsu 等（2014）和 Acharya & Xu（2017）的研究方法，采用固定效应模型，分别对 EFD 行业和 IFD 行业的企业进行检验。构建的模型如下：

$$y_{ikt} = \beta_0 + \beta_1 \ln subsidy_{ikt} + X_{ikt} + \eta_k + \zeta_t + \varepsilon_{ikt} \qquad (6-4)$$

式中，y_{ikt} 为企业创新包括研发投入和创新效率，$\ln subsidy_{ikt}$ 为企业每年的政府研发补贴，X_{ikt} 是一系列影响公司创新活动的特征变量，η_k 和 ζ_t 分别控制行业固定效应和时间固定效应。β_1 衡量政府补贴对创新影响。由于政府补贴在资本市场中存在"认证效应"，这个作用机制通过外部融资依赖这个通道帮助外部融资依赖的企业获得更多的后续资金，以支持创新活动。因此，外部融资依赖度的调节作用可以看作是 β_1 在 EFD 行业与 IFD 行业的差异。

6.4.3　样本选择与数据来源

本研究选取上交所和深交所上市的制造业企业作为研究样本，收集了样本企业 2008—2017 年相关数据。其中，企业基本信息和财务数据来自国泰安数据库（CSMAR）和锐思数据库（RESSET），创新数据和政府研发补贴数据来自国泰安数据库（CSMAR），行业固定资产投资数据来自中经统计网。研究样本剔除了退市企业以及主要变量缺失的企业。为了避免异常值对估计结果的影响，对现金比率、总资产、资产收益率、负债率和固定资产比率进行两端分别为 1% 和 99% 的缩尾处理。最终构建了来自 29 个细分制造业行业的 1 821 家企业的 8 519 组观察值的非平衡面板数据。

6.4.4　描述性统计

表 6 - 11 报告了主要变量的描述性统计结果。企业的创新投入的均值为 17.56，最小值为 0，最大值为 22.11；创新效率均值为 2.12，最大值为 207.16。表明创新活动在企业间存在不平衡性，且开展不连续的问题。政府研发补贴的均值为 16.19，最小值为 8.28，最大值为 22.11。外部融资依赖度 EFD_i 的均值为 0.18，表明中国制造业行业中外部融资依赖的行业多于内部融资依赖的行业。

表 6 - 11　主要变量的描述性统计

变量	样本量	均值	标准差	最小值	最大值
ln$spend$	8 519	17.56	1.34	0	22.11
$Apply$	8 519	42.02	136.02	0	4 787
$Efficiency$	8 519	2.12	6.29	0	207.16
ln$subsidy$	8 519	16.19	1.43	8.28	22.11
EFD_i	8 519	0.18	0.26	−1.07	1.24

（续）

变量	样本量	均值	标准差	最小值	最大值
EFD_{ik}	8 519	0.61	0.27	0	1
age	8 519	14.10	5.58	1	49
$cash$	8 519	0.21	0.15	0.004	0.88
$tangible$	8 519	0.23	0.14	0	0.81
ROA	8 519	0.06	0.05	-0.15	0.23
$lnassets$	8 519	21.73	1.04	19.76	25.21
$ownership$	8 519	0.28	0.45	0	1
Lev	8 519	0.37	0.19	0.05	0.88

6.4.5 单变量分析

表 6-12 报告了单变量分析结果。本研究根据政府研发补贴均值将样本分为高补贴组和低补贴组，对比分析了样本企业特征和创新活动的均值。结果表明，高补贴组的企业规模更大（22.26 vs 21.20），成立时间更久（14.86 vs 13.33），与低补贴组相比，高补贴组企业持有的有形资产更多（23.94 vs 22.34）而现金资产更少（18.62 vs 23.68）。另外，高补贴企业的平均负债率为 42.68%，低补贴企业的平均负债率为 32.05%。在所有权方面，相对于私有企业和其他企业，更多国有企业获得了较高的政府补贴，可见，在获得政府研发补贴方面，国有企业具有比较优势。

表 6-12 显示，高补贴公司在研发方面的支出为 18.10，而低补贴公司为 17.02，差异显著。在创新效率方面，高补贴企业比低补贴企业效率更高（3.21 vs 1.02）。该结果初步显示，政府研发补贴能促进企业的创新活动。

表 6-12 双样本 t 检验

	$lnassets$	$Cash$	$Tangible$	ROA	Lev
高补贴组	22.26	18.62	23.94	5.66	42.68
低补贴组	21.20	23.68	22.34	5.39	32.05
均值差	1.06	5.06	1.60	0.27	10.63
t 值	54.06	15.59	5.47	2.37	26.57

（续）

	Age	$Ownership$	$lnspend$	$Apply$	$Efficiency$
高补贴组	14.86	0.37	18.10	64.98	3.21
低补贴组	13.33	0.20	17.02	18.93	1.02
均值差	1.52	0.17	1.08	46.05	2.19
t 值	12.73	17.22	40.76	15.85	16.27

注：根据政府研发补贴均值将样本分为高政府补贴企业和低政府补贴企业，当年研发补贴金额超过均值的企业视为高补贴企业，当年研发补贴金额低于均值的企业视为低补贴企业。应用双样本 t 检验来比较两组的特征。

6.4.6　实证结果

表 6-13 报告了因变量为研发投资的固定效应模型估计结果。结果显示，在总样本中，政府研发补贴对研发投资的回归系数为 0.051，表明研发补贴对研发投资具有正向促进作用。该系数在 EFD 行业为 0.052，显著高于 IFD 行业。以上结果显示，政府研发补贴可以促进企业的研发投资，且该促进作用在外部融资依赖行业表现更为显著。结论与 H5 相符。

表 6-13　研发投资的固定效应回归结果

	全行业	EFD 行业	IFD 行业
$lnsubsidy$	0.051***	0.052***	0.047*
	(3.74)	(3.44)	(1.65)
age	0.032	0.027	0.050
	(1.64)	(1.40)	(0.83)
$cash$	−0.168*	−0.161	−0.224
	(−1.72)	(−1.42)	(−1.23)
$tangible$	0.512***	0.308*	1.281**
	(2.98)	(1.82)	(2.47)
$lnassets$	0.608***	0.607***	0.599***
	(9.81)	(8.75)	(4.42)
ROA	1.817***	1.825***	1.547***
	(6.50)	(5.60)	(2.79)
$leverage$	0.002	0.118	−0.057*
	(0.02)	(1.06)	(−1.82)

（续）

	全行业	EFD 行业	IFD 行业
State-ownership	0.001	−0.095	0.022 1
	(0.01)	(−0.92)	(1.48)
_cons	2.936***	3.135**	2.453
	(2.41)	(2.27)	(1.03)
η_k	control	control	control
ζ_t	control	control	control
N	8 519	6 806	1 713

注：***、**、*分别表示在 1%、5%、10% 的显著性水平，括号内为 t 统计量值。

表 6 - 14 报告了因变量为创新效率的固定效应模型估计结果。结果显示，在总样本中，政府研发补贴对创新效率的回归系数为 0.143，显著性水平为 5%。说明政府研发补贴对创新效率具有正向影响。分组的回归结果显示，EFD 行业中政府研发补贴的促进作用更大，而在 IFD 行业的影响不显著。H6 通过检验。

表 6 - 14 创新效率的固定效应回归结果

	全行业	EFD 行业	IFD 行业
ln*subsidy*	0.143**	0.180**	0.035
	(2.07)	(2.05)	(0.52)
age	−3.466***	−3.909***	−1.790***
	(−14.76)	(−13.51)	(−8.14)
cash	−0.003	0.273	−0.954*
	(−0.01)	(0.39)	(−1.96)
tangible	−0.201	0.317	−2.247*
	(−0.32)	(0.44)	(−1.83)
ln*assets*	1.211***	1.454***	0.066
	(4.83)	(4.80)	(0.28)
ROA	2.168*	3.716***	−1.295
	(1.88)	(2.59)	(−1.17)
leverage	−1.471*	−31.01	−1.665***
	(−2.16)	(−1.38)	(−2.73)
State-ownership	−0.164	−1.582	−0.095
	(−0.38)	(−1.55)	(−0.36)

（续）

	全行业	EFD 行业	IFD 行业
_cons	29.31***	29.84**	30.62***
	(6.16)	(5.21)	(4.80)
η_k	control	control	control
ζ_t	control	control	control
N	8 519	6 806	1 713

注：*** 、** 、* 分别表示在 1%、5%、10% 的显著性水平，括号内为 t 统计量值。

通过对全行业和制造业细分行业的上市公司数据的实证分析，得出了一致的结论：政府研发补贴有利于促进企业创新活动的投资和产出。

6.4.7　稳健性检验

考虑到在中国，大企业更有能力获得政府的研发补贴，为了验证制造业样本得出的实证结果，我们采用 PSM（倾向得分匹配法）对 2008—2017 年的制造公司样本，按照企业规模进行样本匹配，然后应用固定效应模型进行实证分析，来验证实证结果的稳健性。

1. 样本选择与 PSM 样本匹配

本研究选取上交所和深交所上市的制造业企业作为研究样本，收集了样本企业 2008—2017 年相关数据。其中，企业基本信息和财务数据来自国泰安数据库（CSMAR）和锐思数据库（RESSET），创新数据和政府研发补贴数据来自国泰安数据库（CSMAR），行业固定资产投资数据来自中经统计网。研究样本剔除了退市企业以及主要变量缺失的企业，为了避免异常值对估计结果的影响，对现金比率、总资产、资产收益率、负债率和固定资产比率进行两端分别为 1% 和 99% 的缩尾处理，最终构建了来自 29 个细分制造业行业的 1 821 家企业的 8 519 组观察值的非平衡面板数据。在此基础上，本研究还将高政府研发补贴企业（高于均值）和低政府研发补贴企业（低于均值）按照 PSM 方法相匹配。在匹配和删除政府研发补贴和研发支出的缺失数据后，样本中剩下来自 29 个不同细分制造行业的 1 699 家企业，包括 6 626 个观测值。以下的分析结果都是基于 PSM 匹配样本开展的。表 6-15 展示了样本描述性统计结果。

表 6 - 15　主要变量的描述性统计

变量	样本量	均值	标准差	最小值	最大值
$\ln spend$	6 626	17.77	1.36	0	22.11
$Efficiency$	6 626	2.47	7.05	0	207.16
$\ln subsidy$	6 626	16.58	1.31	10.31	22.11
EFD_i	6 626	0.19	0.26	-1.07	1.24
EFD_{ik}	6 626	0.79	0.26	0	1
age	6 626	14.40	5.50	1	49
$cash$	6 626	0.20	0.14	0.004	0.88
$tangible$	6 626	0.24	0.14	0.002	0.81
ROA	6 626	0.05	0.05	-0.15	0.23
$\ln assets$	6 626	21.96	1.03	19.81	25.21
$ownership$	6 626	0.31	0.45	0	1
Lev	6 626	0.40	0.19	0.05	0.88

从表 6 - 15 中可以看出，研发支出和政府研发补贴的取值变化较大，创新效率也是如此。EFD 的值从 -1.07 到 1.24，说明制造业细分行业对外部融资依赖的程度也是相差很大的。表 6 - 15 还展示了公司层面的控制变量的描述性统计结果：公司的成立年限平均为 14.4；"所有权"的平均值为 0.31，这意味着样本中有更多的私营企业。

2. 单变量分析

在表 6 - 16 中，对比了高政府补贴企业和低政府补贴企业的企业特征和创新投入。与低补贴的公司相比，高补贴的公司规模更大、年龄更大。高补贴公司持有较多有形资产的比例为 22.70%，但现金资产较少，为 17.81%。高补贴企业的平均杠杆率为 44.54%，低补贴企业为 34.95%。在所有权方面，相对于私营企业和其他企业，更多的国有企业获得了更高的政府补贴。

至于创新活动，表 6 - 16 显示，政府补贴高的公司在研发上花费的金额更高，为 18.29，而低补贴的公司的研发支出为 17.26，二者的差异为 1.03，通过了显著性检验，其差距具有经济和统计意义。在创新效率方面，高政府补贴公司的创新效率明显高于低补贴的公司（3.70 vs. 1.24）。

表 6 - 16　双样本 t 检验

	lnassets	Cash	Tangible	ROA	Lev
高补贴组	22.44	17.81	22.70	5.29	44.54
低补贴组	21.48	21.94	22.29	5.66	34.95
均值差	0.96	−4.13	1.60	−0.29	9.60
t 值	43.22	−11.89	4.72	−2.22	21.06
	Age	Ownership	lnspend	efficiency	
高补贴组	14.86	0.40	18.29	3.70	
低补贴组	13.33	0.23	17.26	1.24	
均值差	1.52	0.17	1.03	2.46	
t 值	12.73	15.50	33.45	14.41	

3. 实证分析

具体的实证分析思路与前文一致。首先将所有公司分为 EFD 行业和 IFD 行业。EFD 值为正的行业被视为 EFD 行业，而 EFD 为负值的行业为 IFD 行业。固定效应模型如式（6 - 5）所示。模型的因变量为创新活动，包括研发支出 lnspend 和创新效率 efficiency。其他变量与前文的设置相同。

$$y_{ikt} = \beta_0 + \beta_1 \ln subsidy_{ikt} + X_{ikt} + \eta_k + \zeta_t + \varepsilon_{ikt} \qquad (6 - 5)$$

表 6 - 17 和表 6 - 18 报告了研发投资和创新效率的固定效应估计结果。

表 6 - 17　研发投资的固定效应回归结果

	全行业	EFD 行业	IFD 行业
lnsubsidy	0.062***	0.066***	0.045 2
	(3.56)	(3.38)	(1.49)
age	0.032	0.028	0.033
	(1.34)	(1.35)	(0.40)
cash	−0.105	−0.071	−0.226
	(−0.82)	(−0.47)	(−0.97)
tangible	0.716***	0.435***	1.891**
	(3.31)	(2.17)	(2.54)

（续）

	全行业	EFD 行业	IFD 行业
lnassets	0.617***	0.594***	0.730***
	(7.61)	(6.60)	(4.07)
ROA	1.795***	1.735***	1.547***
	(5.53)	(4.67)	(2.79)
leverage	−0.096	0.020	−0.058
	(−0.79)	(0.16)	(−1.62)
State-ownership	0.024	−0.033	0.234
	(0.25)	(−0.31)	(1.19)
_cons	2.574	3.211*	−0.407
	(1.62)	(1.79)	(−0.13)
η_k	control	control	control
ζ_t	control	control	control
N	6 626	5 292	1 334

注：***、**、* 分别表示在 1%、5%、10% 的显著性水平，括号内为 t 统计量值。

在表 6-17 中，所有行业的 lnsubsidy 系数均为 0.062，对研发投资的回归系数为正且显著。EFD 行业的 lnsubsidy 系数为 0.066，大于 IFD 行业。这表明政府的研发补贴可以提高企业的创新投入，并不成比例地提高对外部融资需求更大的企业的研发支出。

表 6-18　创新效率的固定效应回归结果

	全行业	EFD 行业	IFD 行业
lnsubsidy	0.240**	0.304**	0.053
	(2.22)	(2.21)	(0.56)
age	−4.125***	−4.648***	−2.034***
	(−13.62)	(−12.56)	(−7.41)
cash	0.488	0.979	−1.076*
	(0.61)	(0.95)	(−1.80)
tangible	−0.266	0.362	−3.694**
	(−0.31)	(0.37)	(−2.13)
lnassets	1.515***	1.793***	0.021
	(4.91)	(4.80)	(0.07)

（续）

	全行业	EFD 行业	IFD 行业
ROA	2.279*	4.731**	−2.012
	(1.91)	(2.49)	(−1.37)
leverage	−2.003*	−2.187	−2.099***
	(−1.70)	(−1.55)	(−2.59)
State-ownership	0.178	−0.108	0.280
	(0.31)	(−0.16)	(1.08)
_cons	32.25***	32.84**	36.31***
	(5.59)	(4.69)	(4.40)
η_k	control	control	control
ζ_t	control	control	control
N	8 519	6 806	1 713

注：***、**、* 分别表示在 1%、5%、10% 的显著性水平，括号内为 t 统计量值。

在表 6-18 中，EFD 行业企业的 ln*subsidy* 系数在 0.304 上显著，相比之下，IFD 企业的 ln*subsidy* 系数不显著。结果表明，政府研发补贴可以更多地提高 EFD 行业而非 IFD 行业的公司的创新效率。

在经过 PSM 样本匹配后，得到实证结果与前文一致，即政府研发补贴对外部融资行业的创新投资和创新效率具有更大的促进作用，证明我们的研究结论是稳健的。

6.5　政府研发补贴对高新技术行业研发投资的影响研究

6.5.1　研究动机

科技创新能力是企业竞争力的重要表现形式，一个企业创新能力的高低对于其是否能长远发展是很关键的。近年来我国对创新水平的重视程度有所增加，社会对企业研发创新能力的要求也越来越严格，研发能力不足的企业，注定会被残酷的竞争环境淘汰掉。我国想要跻身于世界创新型国家，提高创新产出，只靠政府是远远不够的，企业的引导和拉动才是关键。企业是经济发展的主体，其科技创新能力的提高与塑造离不开研发活动，只有当企业提高对研发活动的重视程度，才能从根本上推动我国科技创新水平又快又好地发展。

根据 RZ 的研究结论，行业增长可以分解为机构数量的增长和现有机构平均规模的增长。新机构更可能是新公司，它们比老牌公司更依赖外部融资。因此，依赖外部融资的行业机构数量的增长对金融发展尤其敏感。情况确实如此。他们的估计表明，金融发展对机构数量增长的经济影响几乎是其对机构平均规模增长的两倍。这表明金融发展影响增长的另一个间接渠道是更大比例地改善年轻公司的前景。如果这些人是典型的创新者，他们就可能会掀起熊彼特式的"创造性破坏浪潮"，而这在市场欠发达的国家往往是不可能的。在中国，高新技术企业多是新成立的新公司，根据 RZ 的研究结论，中国的高新技术企业可能更依赖外部融资。因此，本部分将高新技术企业作为外部融资依赖行业的典型代表，进行案例实证研究。

高新技术企业对能够提高其自主创新能力的研发活动关注度很高，但是我国目前的企业研发活动过程中仍然困难重重，研发投入数额较低，研发投资占收入的比重较小，创新投入短板严重制约了我国科技强国战略的实施。目前，关于政府补贴对高新技术企业研发投入到底产生怎样的影响这一命题，有研究认为会产生正向激励作用，即政府补贴与企业研发投入呈正相关。除此之外，也存在不同的声音，有学者认为政府补贴会抑制高新技术企业的研发投入。

基于以上争论，本部分汲取现有相关理论文献的精华，注重理论与实践相结合，针对政府补贴对高新技术企业研发投入到底会产生怎样的影响这一问题进行探索。由于高新技术企业具备很高的研发创新活力，对于促进产业结构调整、引领经济高速发展起着关键的作用，因此本部分将研究对象着眼于高新技术上市企业，对以往理论进行分析总结，并从实证角度构建回归模型。通过查找国泰安数据库披露的相关信息，获取符合要求的指标数据，构建起政府研发补贴与研发投入之间的回归模型，尝试分析当前政府研发补贴对高新技术企业研发投入的影响效果如何，验证政府补贴资金政策的实施是否可以促进高新技术企业研发投入的增加，进而带动企业经济效益和社会效益的提高。也就是说，本部分试图通过高新技术行业进行案例研究，验证政府研发补贴对外部融资依赖行业中的企业研发投资的影响是否符合前期得出的结论，即政府研发补贴对外部融资依赖行业的企业创新促进作用更大。最后，得出研究结论，并对高新技术企业研发活动中存在的问题进行分析，提出对策建议，为政府优化现有的政府补贴政策提供参考。

6.5.2　样本选择与数据来源

本部分围绕政府补贴对高新技术企业的研发投入产生怎样的作用进行案例实证研究。考虑到高新技术企业作为知识高度密集的经济实体，是促进我国早日迈向世界科技强国的非常关键的因素，本部分将观察视角聚焦到高新技术企业。由于主板上市公司通常具有良好的筹资渠道和稳定的资金环境，该类企业研发投入的资金通常不会受到政府补贴干预而产生大的变动，所以本部分将从中小板和创业板上市公司选取样本数据。通过查找国泰安数据库披露的相关信息，选取了符合要求的高新技术企业上市公司 2017—2019 年连续三年的数据，并进行了以下处理：①对连续两年以上亏损的上市公司进行剔除；②对报表数据存在较多缺失值的上市公司样本进行剔除；③对在窗口期没有披露研发费用和政府补贴金额的上市公司进行剔除。在上述处理的基础上，为了提高研究结果的可靠性和样本数据的有效性，只从国泰安数据库中筛选出在 2010—2019 年被国家认定为高新技术企业的上市公司，将其划定为研究样本的选择范围。经过以上处理和手工筛选，最终得到了 20 家公司 2017—2019 年连续三年的数据，总共 60 个观测值。在对样本数据进行实证研究的过程中，借助 Excel 软件完成了数据初步的整理、分析，然后运用 spss 进行了回归分析。

6.5.3　变量选取与计算方法

研究涉及的主要变量包括解释变量——政府研发补贴和被解释变量——研发投入。考虑到各上市公司本身存在固有差异，选取了企业规模、资产负债率以及企业成立年限三个变量作为控制变量，以控制企业特质对创新活动的影响。具体变量名称和含义如表 6-19 所示。

表 6－19　变量一览表

	变量名称	变量表示	计算方法
解释变量	政府研发补贴	*SUB*	政府研发补贴/营业收入总额
被解释变量	研发投入	*RD*	研发投资/营业收入总额
控制变量	企业规模	*SIZE*	企业总资产的自然对数
	资产负债率	*LEV*	总负债/总资产
	企业成立年限	*AGE*	企业成立年限

1. 解释变量

本部分的解释变量为政府研发补贴（SUB）。以往的研究中主要通过绝对指标和相对指标来衡量政府研发补贴强度，绝对指标一般通过企业当年所获得政府研发补贴金额的自然对数来表示，相对指标通常为政府研发补贴与总资产或者营业收入总额的比值。二者相比较来说，相对指标的度量方法考虑了受补助企业规模的大小，使用相对指标来衡量企业的政府研发补贴情况能够更好地将不同规模大小的企业间的政府补贴强度进行对比。本部分以企业年度内获得的政府研发补贴总额与企业营业收入总额的比值作为衡量企业的政府补贴强度，使政府研发补贴对研发投入的影响程度能够更加直观准确地体现出来。

2. 被解释变量

本部分的被解释变量为研发投入（RD），由于新会计准则对于企业披露研发费用的要求并非强制性，所以很多企业对于研发投入的相关披露并不完整详细，导致该指标在获取过程中存在一定难度。企业的营业收入在一定程度上映射了企业的研发成果，因此本部分采用企业当年的研发投入总额与营业收入总额的比值作为衡量指标，使研究数据更加准确。

3. 控制变量

控制变量是指能够对因变量产生影响，虽不属于研究的重要变量，但只有选择合适的控制变量，才能保证研究结果真实有效，更加具有说服性。本部分选取了企业规模（SIZE）、资产负债率（LEV）和企业成立年限（AGE）三个变量作为模型的控制变量。

（1）企业规模（SIZE）。企业的规模大小不同，其进行研发活动的积极性也存在差异。通常来说，规模较大的企业，一般资金实力比较雄厚，因而它们的研发投入具有稳定的财力支撑，研发水平较高。借鉴了国内外研究的一般做法，以企业总资产的自然对数作为衡量企业规模大小的指标。

（2）资产负债率（LEV）。企业的资产负债率等于负债总额除以资产总额，该指标越高，意味着企业需要承担的债务偿还压力越大，违约风险越高。企业在向外部进行筹借资金时，投资者会参考企业的负债情况，判断投资风险，并对借款进行一定的使用限制。考虑到创新投资的长期性、结果的不确定性等，资产负债率的高低在一定程度上会影响企业的融资难度，以及企业创新投资数额，因此负债率的高低也会影响企业的研发投入。

（3）企业成立年限（AGE）。通常情况下，根据 RZ 的研究结论，年轻的公司创新动机更强，企业成立时间越久，可能组织僵化，创新意识降。因此企业年龄会对企业的研发投入产生一定影响，所以本部分添加了企业成立年份与样本年份的时间跨度作为控制变量。

6.5.4　模型构建

通过上面的变量选取以及分析，为检验政府研发补贴对高新技术企业研发投入产生的影响，本部分以政府研发补贴作为解释变量，以研发投入作为被解释变量，同时考虑到企业自身固有特征的差异，将企业规模、资产负债率、企业成立年限作为控制变量，构建如下线性回归模型：

$$RD = \alpha + \beta_1 SUB + \beta_2 SIZE + \beta_3 LEV + \beta_4 AGE \qquad (6-6)$$

在上述模型中，RD 表示研发投入，SUB 表示政府研发补贴，SIZE 表示企业规模，LEV 表示资产负债率，AGE 表示企业成立年限。α 表示常数项，β 表示待估参数，其中 β_1 表示政府研发补贴对企业研发投入的影响。

6.5.5　实证研究

1. 研究假设

根据 RZ 的研究结论，高新技术企业往往是年轻公司，且在创新投资中更依赖外部资金。高新技术企业研发活动是一项具有极强不确定性的活动，研发过程中可能会收获巨大收益，也伴随着令人望而却步的巨大风险，研发之路困难重重，这挫败了很多高新技术企业的创新积极性。政府研发补贴作为一种非常有效的宏观调控政策手段，可以通过资金支援带动起企业低迷的研发热情，其经济效益和社会效益也会进而提高。除此之外，政府补贴还具有信号传递功能，研发补贴的获取代表了企业的研发活动得到了政府的认可，能减少企业与资本市场的信息不对称，将有利于外部融资依赖企业后续的外部融资。可以说，政府研发补贴在资金支持和减少信息不对称的双重作用机制下，能对高新技术企业自有研发资金的投入起到激励作用。通过以上分析，提出假设：在中国现有资本市场不完善的情况下，政府研发补贴对高新技术企业研发投入产生的影响具有显著的促进作用。

2. 描述性统计

对本部分选取的高新技术企业案例公司的 60 组的数据进行了描述性统计分析，如表 6 - 20 所示。

表 6 - 20　描述性统计

变量	样本量	极小值	极大值	均值	标准差
政府研发补贴（SUB）	60	0.000 5	0.135 2	0.023 6	0.024 9
研发投入（RD）	60	0.026 1	0.347 4	0.119 1	0.068 1
企业规模（SIZE）	60	20.324 5	23.724 0	21.927 9	0.957 0
资产负债率（LEV）	60	0.119 5	0.644 0	0.361 6	0.126 2
企业成立年限（AGE）	60	1.945 9	3.637 6	2.724 1	0.346 3

从表 6 - 20 中可以看出，研发投入（RD）的极大值为 0.347 4，极小值为 0.026 1，平均值为 0.119 1，数据极端值差异较大。通过数据我们不难看出，不同企业自有研发投入还是存在一定差距的，这种情况的出现是很正常的，从侧面反映出不同企业对研发活动的重视程度有高有低。政府研发补贴（SUB）的极大值和极小值分别为 0.135 2 和 0.000 5，标准差为 0.024 9，波动情况与研发投入相比较小，说明政府对不同企业的补贴强度也有些许的差异，但差异并不是很显著。产生这种现象的原因一方面

与企业自身的发展特点有关，另一方面与政府对不同企业的补助倾向紧密相关。研发投入的各项描述性分析指标都比政府补贴的各项指标要大，这说明样本企业的研发投入资金通常由企业的自有资金投入和政府研发补贴资金投入两部分组成。企业规模（SIZE）的极大值和极小值分别为23.724 0 和 20.324 5，标准差为 0.957 0，与其他变量相比波动性最大，这说明样本中各个企业的规模存在较为显著的差异。资产负债率（LEV）的极大值和极小值分别为 0.644 0 和 0.119 5，均值为 0.361 6，小于通常情况下的资产负债率理论参考值 0.5，标准差为 0.126 2，样本波动性与其他变量相比较小，从侧面反映出样本企业在进行债务融资时还是比较谨慎的。企业成立年限（AGE）的极大值和极小值分别为 3.637 6 和 1.945 9，标准差为 0.346 3，具有一定的波动性，说明样本企业整体上成立年限比较短，且在成立年限上的差距不大。

3. 相关性分析

为检验政府补贴以及各控制变量与研发投入的相关性水平，本书运用spss 对各变量之间的相关性进行了初步检验，具体结果如表 6 - 21 所示。从表 6 - 21 可以看出，在与企业研发投入的相关关系中，我们选取的各个变量均在 1% 的显著性水平下与其显著相关。解释变量政府补贴（SUB）与被解释变量研发投入（RD）之间的相关系数为 0.446，在 1% 的显著性水平下显著，显而易见二者是正相关的关系，企业进行研发活动必然需要研发投入，这就离不开大量资金的支持，政府补贴资金的增加具有诱导企业自有研发投入增加的效果，预期假设得到了初步验证。企业规模（SIZE）与研发投入（RD）之间的相关系数为 0.505，在 1% 的显著性水平下显著，这代表着当一个企业的规模越大时，资金实力也就越雄厚，因而它们的研发投入具有稳定的财力支撑，投入力度更大。资产负债率（LEV）、企业成立年限（AGE）与研发投入（RD）之间的相关系数分别为 -0.416、-0.423，这说明资产负债率和企业成立年限的提高，都会在一定程度上起到抑制企业研发投入的作用。资产负债率高反映出企业资金实力较为薄弱，缺少大量资金进行研发活动，反而可能会通过减少研发投入来达到提高企业当期利润的目的。

表 6 - 21　主要变量相关系数

	SUB	RD	SIZE	LEV	AGE
SUB	1				
RD	0.446***	1			
SIZE	0.174*	0.505***	1		
LEV	−0.317**	−0.416***	0.187*	1	
AGE	−0.254*	−0.423***	−0.206*	−0.090	1

注：***、**、* 分别表示在 1%、5%、10% 的显著性水平。

4. 回归分析

从表 6 - 22 可以看出，R^2 为 0.505，从表 6 - 23 可以看出，F 统计量的概率 P 值为 0.000，表明该模型的拟合效果良好，具有较强的可信度和统计意义。从表 6 - 24 的回归结果可以得到：

$$RD = 0.648SUB + 0.026SIZE - 0.135LEV - 0.052AGE - 0.27。$$

表 6 - 22　模型汇总

R	R^2	调整 R^2	标准估计的误差
0.711	0.505	0.469	0.049 607 6

表 6 - 23　方差分析

	平方和	df	均方	F	Sig.
回归	0.138	4	0.035	14.020	0.000
残差	0.135	55	0.002		
总计	0.273	59			

解释变量政府补贴（SUB）的 P 值为 0.026，通过了 10% 水平下的显著性检验，表明自变量政府补贴（SUB）与因变量研发投入（RD）显著相关。政府补贴的系数为 0.648，代表政府对企业每增加一个单位的资金补贴，就会导致企业增加 0.648 个单位的自有资金投入到研发活动中，说明政府补贴的增加带动研发投入的增加，假设得以验证。其主要原因有：政府补贴为企业的研发活动注入资金支持，非常有效地分担了企业部分的研发成本和研发风险，企业自主创新研发的热情由低迷变得高涨。政府的

补贴还具有向社会进行信号传递的作用，政府对某家公司进行补贴，意味着政府认可该公司的研发活动，有利于该企业对外融资，使得更多的外部资金流入，从而大大提高企业研发创新的投入水平。

表 6 - 24　回归结果

指标	回归系数	标准误差	t	$Sig.$
常量	−0.270	0.176	−1.537	0.130
SUB	0.648	0.283	2.292	0.026
$SIZE$	0.026	0.007	3.665	0.001
LEV	−0.135	0.055	−2.470	0.017
AGE	−0.052	0.020	−2.671	0.010

注：因变量：研发投入。

从控制变量方面来看，企业规模（$SIZE$）系数为 0.026，通过了10%的显著性水平检验，这代表企业的规模与企业的研发投入呈现出正相关的关系。当一个企业规模越大时，其内部的资金环境往往越稳定，该企业承担研发风险的能力也就越大，从而更加积极地进行研发活动。除此之外，企业的规模越大，就越想在市场竞争环境中立于不败之地，研发水平的提升有利于巩固其在市场竞争中的地位。资产负债率（LEV）的系数为−0.135，在10%的水平下显著，这代表企业资产负债率与企业研发投入为负相关，这是因为当公司资产负债率过高时，公司面临的财务压力更大，加剧了公司的财务风险，同时公司的融资能力也受到一定程度的制约，导致企业并没有充足的资金进行研发活动的投入。同时，公司资产负债率过高时，企业面临着更大的还本付息压力，从而降低了公司的研发投入的积极性。企业研发活动所面临的风险，使得企业必须具备较为稳定的财务环境和较为良好的财务状况来支撑研发活动的顺利进行。公司较低的资产负债率，意味着公司债务较少，具有较强的支付能力，有利于在研发过程中更好地防范由于资金不足带来的风险。企业成立年限（AGE）的系数为−0.052，在10%的显著性水平下显著，表明企业成立时间越长，企业的惰性也就越强，导致企业进行研发活动的活力被大大消耗。

6.5.6　研究结论

本部分在对以往相关理论进行梳理的基础上，将观察视角聚焦到高新技术企业，因为高新技术企业不管是从企业创新特点上还是成立时间上，都是外部融资依赖行业的典型代表。为了提高研究结果的可靠性，选择其中研发活动较多的企业作为样本数据的选择范围，经过一系列处理，最终得到了 60 组观测数据。然后对整理好的样本数据利用 spss 建立线性回归模型进行实证检验，同时进行了必要的描述性统计和相关性分析。得到的研究结论如下：政府补贴对高新技术企业的研发投入产生比较显著的正向激励作用。政府补贴政策可以刺激企业加大科研创新力度，一定程度上弥补市场研发资金投入不足的问题，帮助企业分散风险，降低负担。同时，从实证分析的结果中我们也可以看出，企业自身规模的大小也会对其研发投入产生比较显著的影响，企业的规模越大，承担研发风险的能力往往越强，研发活动的投入力度也就越大。而企业的资产负债率和成立年限的增加，都会在一定程度上对企业的研发投入产生抑制作用。过高的资产负债率必然会加剧企业的财务风险和融资压力，对于企业研发活动的积极性产生负面影响，从而导致企业削减研发资金的投入。

企业应该提高对研发活动的重视程度，针对研发活动制定一个长远的投资计划是非常有必要的，有利于保持研发投入的持续性。研发活动从本质上来看是一个周期较长的、循序渐进的探索过程，在短时间内往往不会形成显著的研发成果。企业应该为研发活动提供足够稳定的资金投入，着眼于长远目标，切忌急功近利，追求短期利益。只有保证研发投入的持续和稳定，才能厚积薄发形成最终的研发成果。

企业应当加强内部控制，将政府的补贴资金充分投入到研发活动中，而不是另作他用，只有这样，才符合政府为企业提供补贴的初衷。企业的研发活动虽然具有高风险和滞后性的特征，但也是高新技术企业非常必要的一项活动。对于高新技术企业来说，只有加强自我约束和内部控制，更加高效合理地运用补贴资金，杜绝滥用现象的发生，才能使政府补贴资金真正做到物尽其用，同时促使自身的科技创新能力更上一个台阶。

政府应该建立一套完善的监管体制，并针对企业在研发补贴资金的使用方面存在的问题制定相关政策。高新技术企业研发创新能力的高低与我国的创新产出紧密相关，只有企业的自主创新能力得到提升，整个国家的科技创新水平才能大幅提高。政府应针对不同情况的企业给予不同的补贴力度，将补贴资金注入到具有迫切需求的企业，使补贴效果发挥到极致，做到雪中送炭而非锦上添花。政府可以设立专门的财政小组对企业研发补贴资金的使用情况进行专项审计，实现资金流向透明化，将补贴资金尽可能地发放到真正需要的企业。政府可以在发放补贴后期对企业补贴资金的使用情况进行不定期突击检查，对于私自挪用补贴资金，甚至使用这部分资金，通过盈余操作，来实现扭转亏损的企业，应当制定相应的惩戒措施加以约束。同时，政府也要继续增强对高新技术企业研发活动的支持力度，只有政府作为强大的后盾支持，企业才能有更大的信心和底气克服研发活动中遇到的各种艰难险阻，推动我国的科技创新水平更上一层楼。

6.6　本章小结

本章在前文相关理论分析和文献研究的基础上，以政府研发补贴对企业创新的影响为研究对象，从外部融资依赖的视角，对政府研发补贴对创新的作用机制进行了理论分析，对政府研发补贴对企业创新的影响效果进行了实证分析。

政府研发补贴是国家为激励企业开展自主创新而给予企业的资金支持。其作用主要表现在两个方面：资助效应和认证效应。从理论机制分析，政府研发补贴是缓解企业创新投融资的有效工具，一是可以对企业的创新进行直接资助，二是政府研发补贴具有"信号"传递作用，可以向外部资本市场传递企业创新的积极信号，能为企业带来后续融资。以上两种途径都可以降低外部融资依赖企业的创新投融资成本。为了验证政府研发补贴、外部融资依赖和企业创新的关系，选取我国 A 股全行业上市企业2008—2017 年数据，参考 RZ 两位学者的经典计算方法，计算出了分行业的外部融资依赖度。本章采用固定效应回归、2SLS 回归等方法，分析了在中国不完善市场环境下外部融资依赖、政府研发补贴和企业创新三者的关系，探讨了政府研发补贴在不同的融资依赖行业中对创新投资和创新效率的影响。研究结果显示，政府研发补贴对企业研发投资具有正向的"资助效应"和"认证效应"。对专利申请数量和质量的回归结果表明，政府研发补贴可以提高企业的创新数量和质量，对于更依赖外部融资的行业，这种影响对创新数量的促进作用更大。在使用 2SLS＋IV 和固定效应等稳健性检验之后，以上研究结果仍然成立。

考虑到制造业是中国企业创新的中坚力量，本章第二个实证内容即是检验制造业细分行业政府研发补贴、外部融资依赖对企业创新投资和创新效率的影响效果。通过单变量分析、固定效应回归分析等方法，发现政府研发补贴对创新投资和创新效率均具有正向影响，且分组的回归结果显示，EFD 行业中政府研发补贴的促进作用更大。利用 PSM 匹配后的样本进行固定效应回归，实证结果仍然稳健。

考虑到高新技术企业作为知识高度密集的经济实体，是促进我国早日迈向科技强国的非常关键的因素，且高新技术企业是典型的外部融资依赖行业，本章的第三个实证分析内容是关于政府研发补贴对高新技术行业研发投资的影响研究。政府补贴对高新技术企业的研发投入产生比较显著的正向激励作用。

本章引入外部融资依赖验证了政府研发补贴对创新的两种作用机制，证实了外部融资依赖在此关系中发挥的作用，为研究政府研发补贴对创新的影响提供了新的思路。结论还表明政府研发补贴可以缓解创新融资面临的资本市场缺陷，直观来看，研发补贴为创新提供了必需的资金支持，更重要的是，通过政府研发补贴的"认证"机制，可以减少外部融资依赖企业融资时的信息不对称，缓解创新活动的融资约束。因此，政府在对企业进行研发补贴时，应考虑行业、地区以及企业的外部融资依赖程度，将其作为一个重要的参考特征，科学合理地优化政府资源配置，提高政府研发补贴的利用效率，让"好钢用在刀刃上"，切实提高政府研发补贴对创新的促进效果。

第7章 外部融资依赖、高管激励和研发投资

7.1 中国企业高管薪酬激励现状

作为企业的高层管理者，其风险承受能力和个人偏好在很大程度上影响着企业的发展规划和战略决策。作为公司治理理论中重要的激励和约束机制，企业管理者的薪酬合约是构建委托代理合约的核心问题。它被认为是解决现代公司制度下的委托代理问题，减缓委托人和代理人之间矛盾冲突的关键措施和途径。因此，薪酬激励机制的合理设计对管理者选择何种资本结构以及中长期的投资决策具有至关重要的影响。

高管薪酬是公司治理的重要而有效的工具之一。通常，提高高管薪酬被认为是减少所有者和管理者之间利益冲突的有效途径。当下，高管薪酬的普遍分为三个部分：基本工资＋绩效奖金＋长期激励薪酬。工资是固定工资，作为高管基本的收入保障，与管理者的经营业绩无关；奖金是基于年度业绩而获得的额外奖励，具有不确定性，只有高管实现了预先设定的经营目标时才会兑现。长期激励薪酬，包括股票、股票期权、限制性股票等形式，通常也会附带收益变现条件，往往需要几年时间才能实现收益。理论上，企业希望通过提高高管薪酬来提高高管积极性，以有利于企业长期发展的投资活动。这里，本研究中的高管薪酬主要包括货币薪酬和股权激励。货币薪酬主要体现了企业所有者对管理者的短期激励，股权薪酬体现了对高管的中长期激励。

近年来，中国职业经理人制度已然走向成熟。根据德勤高管薪酬研究中心每年发布的《中国 A 股上市公司高管薪酬与长期激励调查报告》显示，中国企业高管薪酬呈现以下特点：

一是企业高管薪酬平均值逐年增加，如图 7-1 所示，高管薪酬与普

通员工的薪酬差距进一步拉大。2016 年，高管平均薪酬最高突破 100 万元后，继续保持稳定增长的态势。2018 年增加至 128 万元，比 2017 年增长 15.3%。

从内部员工薪酬差异来看，2017 年高管的最高薪酬平均值约为公司员工平均工资的 7 倍，而 2018 年这一数字已经变成了 9 倍左右。高管与普通员工的薪酬差距有逐年进一步扩大的趋势。

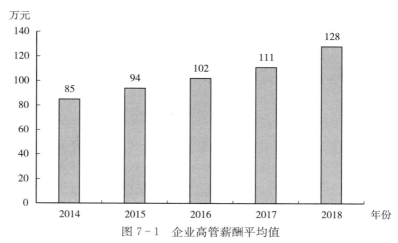

图 7-1　企业高管薪酬平均值

数据来源：德勤高管薪酬研究中心《中国 A 股上市公司高管薪酬与长期激励调查报告》。

其次，高管薪酬在不同的行业和企业差距较大。从行业来看，高管薪酬分布不均衡，2018 年金融房地产行业高管平均最高薪酬分别为 285 万元和 263 万元，遥遥领先于其他行业，连续三年位居全行业前二位。从变化看，除金融业下滑外，其他行业高管薪酬总体趋势是上升的。"卫生与社会工作""科学研究、技术服务"等行业的高管薪酬增长显著，两个行业的高管平均最高薪酬为 138 万元和 142 万元，增长率分别为 29% 和 28%。制造业作为第一大产业，是我国的基础产业和科技创新的主要阵地，2018 年，其行业高管的平均薪酬为 120 万元，低于全行业平均水平。在市场经济环境下，为实现"中国制造 2 025"的发展目标，探索制造业企业如何优化高管薪酬、激励创新投资是一个重要的研究方向。这也是为什么本研究选择制造业作为主要研究行业的重要原因。

图 7-2 展示了中国不同产权企业的高管薪酬表现。在中国，产权性

质是企业的一个重要特征，在企业运营中扮演着重要角色。从企业产权看，2018 年国有企业高管平均薪酬最高，为 249 万元，处于领先地位。中央和地方国有企业高管薪酬增幅最大，增速达 15％ 和 12％。国有企业因受到股权转让限制，因此，货币性薪酬就成为主要的激励方式。民营企业高管薪酬也稳步增长，从 2016 年的 95 万元增加到 2018 年的 118 万元。

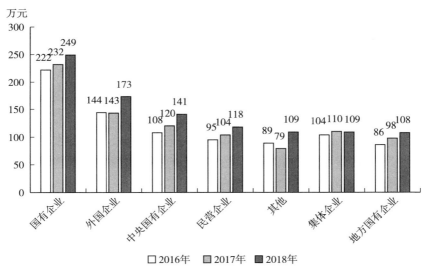

图 7－2　不同产权企业高管的最高薪酬平均值

数据资源：德勤高管薪酬研究中心发布数据。

三是股权激励备受追捧。股权激励作为长期激励，对激励高管具有持续性的激励作用，有助于提高管理层与股东利益的一致性，减少代理冲突。根据统计结果，图 7－3 展示了最近十多年来，A 股上市企业分布的股权激励计划在数量上的变化。2006—2018 年，A 股市场共有 1 406 家上市公司公布股权激励计划。可以看出，自 2016 年之后，上市企业发布股权激励计划的数量呈现出陡增态势，仅 2018 年一年，就有 403 家上市公司公布了股权激励计划，在数量上创历史新高。

尽管上市公司的股权激励计划数量不断增加，但中国股权激励计划仍存在诸多不足。首先，我国大部分企业股权激励的考核指标仍为净资产收益率、净利润年增长率等短期财务指标，注重短期内的量化考核，对反映

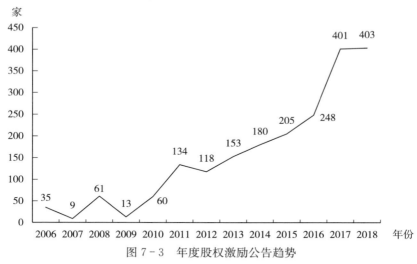

图 7 - 3　年度股权激励公告趋势

数据来源：德勤高管薪酬研究中心《中国 A 股上市公司高管薪酬与长期激励调查报告》。

企业长远发展的相关指标和决策重视程度不足，削弱了股权激励的有效性。此外，股权激励计划的激励效果或者说对应的管理者财富大小与上市公司股价挂钩，股价高走才能让管理者兑现股权激励的收益。但不可否认，股价的波动具有随机性，其变化能在一定程度上反映管理层的能力和努力所带来的经营业绩增长，但也受制于国家宏观政策和经济环境的变化，以及资本市场的完善程度。反观中国的股票市场起步晚、运行效率低下，存在严重的信息不对称，因此，股价的波动往往不是企业价值的真实体现，况且我国的股价经常成为内外合谋操纵的对象，导致股价严重偏离真实价值。此时，股权激励难以达到预期的激励效果，也为高管的股权激励效果带来巨大的不确定性。

　　我们将视野放到整个中国，根据 Willis Towers Watson（韦莱韬悦）发布的《2018 年中国上市公司高管薪酬与公司治理报告》，显示我国上市企业高管薪酬呈现出新的发展趋势。该报告从"现金薪酬、薪酬结构、行业特性"三个方面，对中国北京、上海、深圳三个资本市场上市的企业高管薪酬特点进行了深入分析。

　　第一，现金薪酬。2018 年，三大资本市场上市企业高管的现金薪酬数额比 2017 年呈现小规模上涨。就整体现金薪酬数量来说，A 股和 B 股上市公司总经理的现金薪酬数额呈现总体小幅增长，增幅不大，从薪酬绝对数量上看，H 股仍独领风骚，远超过另外两个资本市场。用薪酬中位数代表市场的平均水平，将经理人的现金薪酬进行对比发现，A 股企业经理人薪酬略升，2018 年达到 66 万元，比 2017 年增长了 7 万元，相比之下，B 股由 69 万元增长到 78 万元，增幅略高。而 H 股上市公司的现金薪酬下降明显，由 161 万元降为 147 万元。

第二，高管薪酬结构。2018 年，股权激励占比最大，达 CEO 整体薪酬的 30%～55%，其中 A 股为 33%、H 股为 27%、B 股为 55%。总经理的变动薪酬在总体薪酬中占比高达 60% 以上，主要包括两部分即年度奖金＋股权激励。在不同的资本市场中，薪酬结构的具体表现如下：H 股总经理的薪酬总额中变动薪酬仅占六成，变动部分的年度奖金和长期股权激励的水平持平；B 股总经理的薪酬总额中变动薪酬占比近七成，股权激励的占比不断上涨，已经远超过现金类薪酬激励的比重。

第三，行业分布不均衡。金融和房地产行业上市公司的高管现金薪酬水平依旧交替领跑，总经理薪酬中位数分别为 180 万元和 147 万元。医疗保健、零售等行业总经理的现金薪酬总额分别以 78 万元和 74 万元位列第三和第四，超过了信息技术产业。股权激励依旧是信息技术行业的最大偏爱，普及率也最高，连续三年的授予普及率都达 38%；授予普及率紧随其后的是房地产、日常/可选消费、医疗保健和工业行业，分别为 27%、25%、24% 和 22%。以上行业分列全行业的前五位。另外，近年来新兴行业迅速崛起，比如“大健康”“新零售”等，高管薪酬水平和股权激励授予普及率都以较大优势甩开了传统企业。

作为市场化的中长期激励方式，股权激励越来越受到重视。A 股股权激励普及率持续上升。2014 年中国证监会印发《关于上市公司实施员工持股计划试点的指导意见》，对上市企业的股权激励产生了较大的推动，A 股上市企业纷纷加入员工持股计划的大军。到 2017 年底，开展员工持股计划的 A 股上市公司达 624 家。

面对未来高管薪酬的发展方向，当前全球高管薪酬研究的三大热点包括：如何设置和改进经营业绩指标、关注和强化企业的长期发展、平衡企业代理风险和薪酬激励。中国企业高管薪酬变革也可以从以下方面做出自己的努力：第一，思考如何设置业绩指标。单纯的财务指标已经不适应当前的经济形势，也不符合企业长远利益。纵观世界，接近80％的企业将财务指标与非财务指标相结合，同时进一步重视诸如社会、环境和其他利益相关者的利益。所以，越来越多的上市公司采用多种业绩指标结合的考核方式，以平衡管理层和所有者的不同需求。第二，平衡企业短期利润和长期发展，重视中长期发展。使用股权激励方式，设定科学合理的中长期业绩目标，适当延长对高管业绩的考核周期或长期激励效益的兑现时间。鼓励企业采用股份回购的方式实施股权激励。新《公司法》于2018年10月发布，赋予公司更多的回购自主权和主动权；仅过了一个月，中国证监会、财政部、国资委联合发布《关于支持上市公司回购股份的意见》，在上市公司实施股权激励或员工持股计划上持明确鼓励态度。随即我国资本市场出现了回购潮。第三，平衡企业管理风险和薪酬激励。站在公司治理层面将高管薪酬制定与公司发展战略有机结合，构建更丰富的薪酬结构，尽可能将企业风险与激励机制按照不同时期的规划进行匹配。第四，企业要加强对外部监管环境和公众舆论的关注，减少企业人力资本的风险。第五，优化公司治理结构，确保企业产权清晰，创建一个高效的内外部监督体系。

研发和创新关系到企业切实的中长期发展和竞争优势的形成，这对企业如何设计高管薪酬提出了更高的要求，这也是本研究考察的重点。

7.2 理论动机和研究假设

由于企业管理者自身的风险承担能力和个人风险偏好，代理理论的基本假设告诉我们，企业高管可能面临与股东利益的代理冲突（Zhu et al.，2019）。为降低代理成本，企业所有者会提高公司高管的薪酬，以提高管理者风险承担能力，实现更好的公司治理绩效。能体现企业经营风险的因素很多，其中，创新研发活动则是一种典型的冒险投资决策。创新活动是企业创造核心竞争力、保持竞争优势和长远发展的动力，但研发活动具有高风险、长周期且结果不确定等特点，因此，企业高管对创新没有天然的热衷。但是企业所有者为了企业的长远发展会鼓励管理者开展研发活动。为了降低代理冲突，所有者会提高高管的薪酬激励，以使高管的利益与股东的利益保持一致（Su，2015；Kanapathippillai et al.，2019）。可以认为，如果期望企业高管制定有风险的长期研发战略，则应该给予他们更高的报酬以平衡承受的投资风险（Hoskisson et al.，2009）。通常，上市公司常用的激励包括薪酬激励和股权激励（薛乔和李刚，2015；Kang et al.，2006）。之前的相关研究表明：更高的薪酬可以鼓励高管做出与研发投资相关的战略选择。

先前的研究表明企业所处的环境特点，可以解释不同公司之间存在的创新差异。行业特点作为与企业创新相关的情景要素之一受到了诸多学者的重视（Tavassoli，2015；Guan & Pang，2017）。RZ 开创性地将外部融资依赖作为不同行业间显著的行业特征并引入到相关研究中去。他们将企业一年的资本支出中不是通过内部现金流融资的部分作为企业的外部融资需求量。企业需要的外部融资越多，对外部融资的依赖程度就越高。

拥有创新机会的公司往往缺乏资金（Silva & Carreira，2012）。创新投资作为长期性的战略投资，需要大量的资本性支出，庞大的数额只依靠企业内部现金流是不可能实现的。因此，企业能否通过外部融资获得资金支持将影响管理者的投资决策（Seo & Soh，2019）。

良好的公司治理意味着企业存在较少的信息不对称等潜在问题，这有利于减少管理者和所有者之间的利益冲突，同时也是公司向资本市场传递的良好信号。外部投资者倾向于投资于这些具有公司治理良好且有外部融资需求的企业（Chen et al.，2010）。从这个角度来看，高管薪酬越高，可能意味着管理者和所有者之间的利益一致性越高，那么，高管薪酬较高的 EFD 行业公司将更容易筹集外部资金，从而支持其研发投资。此外，有学者的研究表明，外部债务融资在高管薪酬—公司绩效敏感性方面也具有治理作用（Chen，2017）。独立的外部董事会成员、机构投资者和证券分析师可以调节研发支出与公司绩效关系的形式和强度（Le et al.，2006）。还有学者认为，对于拥有有效的外部监督者的公司而言，CEO 薪酬与高管自由裁量权和公司绩效之间呈正相关关系（Wright & Kroll，2002）。这意味着 EFD 行业的公司将受到更多外部投资者的监督，从而提高了高管的投资绩效。

基于以上分析，本研究提出高管薪酬对创新活动的影响路径如下：首先，企业所有者有主观动机和意愿促进企业开展创新活动，提高企业的长期竞争力。然而，由于两权分离和代理问题的存在，股东需要通过与管理者的薪酬契约来鼓励创新活动，同时利用内外部治理机制对管理者的行为进行监督和约束。

那么在这个过程中，外部融资依赖有两个作用：①有外部融资需求的企业要加大公司治理力度，以向外部市场传递公司质量良好的积极信号，赢得资本市场的认可。反之，对于外部投资者而言，通常较高的高管薪酬意味着更好的公司治理，这些公司对外部投资者更具吸引力，更容易为其创新活动进行融资。②为保证自身利益不受损害，外部投资者将对企业经营者的投资行为进行监督，以提高企业资源的合理配置和投资效率，这就形成了外部监督机制。所以说"信号传递""外部监督"这两种机制的共同作用，将提高管理者的风险承受能力，促进其创新投资行为。研究发现，企业的外部融资需求对公司治理具有积极影响，因为对外部融资的依赖会激励企业寻求提升公司治理的方法，进而提高企业经营绩效。反过来，良好的公司治理减少了代理问题，被外部资本市场视为积极信号，使投资者更愿意投资于公司治理良好且具有外部融资需求的企业。外部投资者强有力的监督可能会改善高管人员的风险规避倾向，使高管的冒险精神和公司绩效更好地保持一致。这说明，外部投资者监督对高管激励的效果具有调节作用。Khan 等（2017）认为企业的融资结构以及外部资本市场的发展为企业提供了谨慎的外部监督力量和更多的资本来源，这有利于降低代理问题和融资约束对投资效率的不利影响，而这种改善作用在新兴市场表现得更为明显。以上研究表明，外部融资依赖架起了从外部资本市场到企业投融资的桥梁。

据此分析，提高高管薪酬不但可以减少所有者和管理者之间的信息不对称，还可以减少企业和外部资本市场的信息不对称，同时鼓励管理者承担投资风险，最终实现外部融资依赖行业的公司投入更多的创新投资。这说明外部融资依赖发挥了对高管薪酬激励的治理机制的作用，调节了高管薪酬激励与研发投入的关系。高管激励措施包括短期激励和长期激励，薪酬激励是短期激励，股权激励是中长期激励。因此，本研究提出如下假设：

H7：高管薪酬越高，越能促进企业研发投资，且这种促进作用在外部融资依赖行业表现得更为明显。

H8：高管股权激励越多，越能促进企业研发投资，且这种促进作用在外部融资依赖行业表现得更为明显。

7.3　研究设计

7.3.1　变量选择

（1）研发投入。本研究使用 2009—2018 年从 CSMAR 数据库收集的研发总支出来衡量研发投入（Mohnen & Mairesse，2010）。为了减轻异方差的影响，本研究采用该数的自然对数形式。

（2）外部融资依赖。RZ 首先提出外部融资依赖可以被视为一个行业特性，外部融资依赖程度因行业而异。本研究遵循 RZ 和 Acharya & Xu 关于计算一年中外部融资需求的方法，将资本支出中不通过内部现金流筹集的部分资金需求作为企业一年的外部融资需求。然后将每个公司的外部融资依赖用资本支出加研发支出减去经营现金流，再除以资本支出和研发支出的总和来计算。

$$EFD = \frac{资本性支出＋研发支出－经营性现金流}{资本性支出＋研发支出}$$

计算出每个公司的外部融资依赖度之后，将每一个行业中所有公司外部融资依赖的中位数作为该行业本年度的外部融资依赖值，然后取行业外部融资依赖时间序列的中位数作为某一行业的外部融资依赖度（EFD_i）（Hsu et al.，2014；Acharya and Xu，2017）。本研究将样本企业 2008—2017 年的外部融资依赖值按百分位数进行了排序，得到每一个行业的外部融资依赖指数（EFD_{ik}），该指数越高，表示该行业对外部融资的依赖越大。本研究将 EFD_i 为正的行业划分为 EFD 行业，EFD_i 为负的行业划分为 IFD 行业。

（3）高管激励。本研究旨在探究不同高管激励方式对研发投资的影响，选取了上市公司前三名高管薪酬与高管持股数量来衡量高管的短期激励和长期激励。

（4）控制变量。根据前人的研究，本研究以企业规模、企业年龄、现金资产、固定资产、杠杆、资产收益率、资本支出和国有财产等虚拟变量作为影响研发投入的控制变量。表 7-1 列出了所有变量的相关描述。

表 7-1　各变量定义

变量	定义	测量方法
$\ln spend$	研发投入	研发支出总额的自然对数
PAY	高管薪酬	前 3 名高管薪酬总额自然对数
$SHARE$	高管股权激励	高管持股数量的自然对数
EFD_i	各行业外部融资依赖度	2009—2018 年行业外部融资依赖值的中位数
EFD_D	外部融资依赖虚拟变量	$EFD_i>0$ 为 1，否则为 0
$Cash$	现金比率	现金资产/资产总额
$Tangible$	固定资产比率	固定资产/资产总额
$Size$	企业规模	资产总额自然对数
ROA	总资产收益率	净利润/资产总额
Lev	资产负债率	负债总额/资产总额
Age	企业成立时间	企业成立年限
$State\_D$	产权性质	国企为 1，否则为 0
ζ_t	固定时间效应	虚拟变量

7.3.2　模型设计

为了进行实证研究，本研究根据外部融资依赖值大小将总样本分为两组：EFD_i 值为正的行业视为 EFD 行业，EFD_i 值为负的行业视为 IFD 行业。本研究基于 Acharya&Xu（2017）的方法，分别构建了以下面板数据模型，采用固定效应模型，分别用于高管货币薪酬和股权激励的回归分析。

$$\ln spend_{ikt}=\beta_0+\beta_1 PAY_{ikt}+\beta_2 X_{ikt}+\zeta_t+\varepsilon_{ikt} \qquad (7-1)$$

$$\ln spend_{ikt}=\beta_0+\beta_1 SHARE_{ikt}+\beta_2 X_{ikt}+\zeta_t+\varepsilon_{ikt} \qquad (7-2)$$

式中，i 代表行业，k 代表公司，t 代表年份，被解释变量为企业每年的研发投入（$\ln spend$），解释变量为高管薪酬（PAY）和高管股权激励（$SHARE$），调节变量为行业的外部融资依赖，X_{ikt} 是可能影响企业研发投入的一组控制变量的集合，X_{ikt} 是误差项。

7.4　实证分析

7.4.1　样本选择与数据处理

数据主要包括研发投入、高管激励和公司财务数据等，数据来源于国泰安经济金融研究数据库（CSMAR）和 RESSET 数据库。

本部分选取 2009—2018 年在 A 股上市的制造业企业为研究样本。数据主要包括研发投入、高管激励和公司财务数据等，从 CSMAR 数据库中收集了 2009—2018 年企业年度 R&D 投资数据和高管薪酬数据，2009—2018 年企业财务信息来自 CSMAR 数据库和 RESSET 数据库。研究采用中国证监会 2016 年发布的行业类别。收集数据后，利用 STATA 软件将所有信息、股票代码和会计期间合并，构建了一个非平衡面板数据库。为了避免统计偏差，本研究剔除了总资产、研发投入等主要数据缺失的样本。另外，为了消除异常值的影响，本研究对总资产、资产收益率、资产负债率等连续变量进行了 1% 和 99% 的缩尾处理。经过数据筛选和处理最终得到了来自 28 个制造业细分行业的 1 837 家公司，共包括 10 036 个观察值。

7.4.2　描述性统计与相关分析

表 7 - 2 显示了所有变量的平均值、标准差和相关系数。高管货币薪酬和股权激励与研发投入均呈正相关且通过 1% 的显著性检验，相关系数分别为 0.42 和 0.04。除固定资产比率外，控制变量也与因变量显著相关，说明所选择的自变量对因变量具有较好的解释力。变量之间的相关系数显著，但大多在 0.5 以下，表明变量之间不存在严重的多重共线性。

表 7 - 2　描述性统计和相关系数

	Mean	S.D.	1	2	3	4	5	6	7	8	9
1. lnspend	16.62	1.36	1.00								
2. PAY	14.17	0.66	0.42***	1.00							
3. SHARE	11.63	7.18	0.04***	0.08***	1.00						
4. cash	0.20	0.15	-0.16***	-0.06***	0.11***	1.00					
5. tangible	0.23	0.13	0.01	-0.03***	-0.16***	-0.43***	1.00				
6. size	21.78	1.05	0.62***	0.41***	-0.14***	-0.30***	0.15***	1.00			
7. ROA	0.06	0.05	0.05***	0.22***	0.19***	0.28***	-0.20**	-0.13***	1.00		
8. lev	0.37	0.19	0.26***	0.07***	-0.23***	-0.46***	0.24***	0.54***	-0.40***	1.00	
9. age	14.68	5.68	0.11***	0.16***	-0.15***	-0.20***	0.08***	0.27***	-0.10***	0.19***	1.00
10. state-ownership	0.27	0.44	0.170***	0.07***	-0.42***	-0.14***	0.16***	0.33***	-0.19***	0.30***	0.24***

注：*，**，*** 分别表示在 10%，5%，1% 的显著性水平。其中 lnspend 为研发投入，PAY 为高管薪酬，SHARE 为高管股权激励。

7.4.3 单变量分析

本研究根据高管激励的平均值将样本分为两组。高于平均水平的样本是高薪酬企业，低于平均水平的样本是低薪酬企业。在表7-3中，本研究比较了高高管激励样本和低高管激励样本之间的公司特征和R&D支出的均值差异。

表7-3 双样本 t 检验

Panel A								
	Age	Cash	Tangible	Size	ROA	Lev	State_D	R&D
高薪酬组	15.71	0.19	0.22	22.29	0.07	0.39	0.31	18.26
低薪酬组	14.16	0.21	0.23	21.52	0.05	0.36	0.25	17.29
均值差	1.55	−0.1	−0.01	0.77	0.02	0.03	0.06	0.97
t 检验	13.06	−4.65	−2.57	37.18	20.80	6.33	5.79	36.16
Panel B								
	Age	Cash	Tangible	Size	ROA	Lev	State_D	R&D
高股权组	13.04	0.24	0.19	21.29	0.07	0.30	0.01	17.34
低股权组	15.49	0.18	0.25	22.04	0.05	0.41	0.43	17.79
均值差	−2.45	0.06	−0.06	−0.75	0.02	−0.10	−0.42	−0.46
t 检验	−20.69	19.94	−21.32	−35.57	13.51	−29.00	−48.14	−15.75

注：样本分为高激励企业和低激励企业两组。A组为高管薪酬，B组为高管股权激励。

通过对两个分组样本的特征比较，发现 Panel A 显示高薪酬组比低薪酬组的企业规模更大（22.29vs21.52），成立年限更长（15.71vs14.16），国有企业更多（0.31vs0.25），以上特征均值的差异都通过 t 检验。与低薪酬组样本相比，高薪酬组样本具有更少的现金资产和有形资产。相比于低薪酬组样本来说，高薪酬组样本具有更高的资产报酬率（7%vs5%）和负债率（39%vs36%）。从研发支出来看，本研究用研发支出的自然对数来衡量，Panel A 显示高薪酬的公司在研发上的支出更多（18.26），而低薪酬样本的公司在研发上的支出较少（17.29），两组的差异达到0.97（显著性水平为1%），表明两组的研发支出相差较大。

由 Panel B 结果可知，高股权激励的公司比低股权激励的公司成立时间短且规模较小，并具有较高的现金资产（24%）和较低的债务比率（30%）。从企业所有权性质方面分析，研究发现较少的国有企业处于高股权激励样本组，符合我国国有企业的现实情况。两个子样本的研发费用平均值差异并不明显（17.34% vs 17.79%）。

7.4.4　PSM 分析

双样本 t 检验对企业特征和高管激励对研发支出的影响给出了一个初步的判断，但对全样本 t 检验结果的一个潜在担忧是，给予高管高货币薪酬和高股权激励的公司可能具有一些共同特征，这些因素可能成为两个分组研发支出出现差异的潜在原因。为了减轻这种可能存在的选择性偏差问题，本研究采用倾向得分匹配（PSM）方法来构造匹配样本组，进而确定货币薪酬和股权激励对研发支出的影响。PSM 的思想是指处理组和对照组按一定方式匹配的情况下，比较高薪酬组（处理组）和低薪酬组（对照组）的研发支出，确定高管薪酬与研发支出之间的因果关系。首先介绍一下两个关键概念：选择性偏差问题和倾向得分匹配。

1. 选择性偏差

选择性偏差问题（Selection Bias）指的是在实证研究过程中，由于采用非随机方法选择样本而导致用于研究的样本不能代表总体，得到的研究结论就会存在偏差。在计量经济学中最常见的问题之一是样本选择问题。任何样本的产生都是选择的结果，随机性原则很难实现，可以说几乎所有的数据产生机制本质上都会存在选择偏差。选择性偏差包括两种：自选择偏差（self-selection bias）和样本选择偏差（sample-selection bias）。

当解释变量不是随机的，而是个体选择的结果，这个选择的过程会使对主效应的估计产生偏差，这种偏差就是自选择偏差。例如研究是否上大学对收入的影响，我们将上大学的和没上大学的人进行简单比较，就会发现大学生的平均工资比没上过大学的人的平均工资高。事实上，这种简单比较就存在严重的自选择问题。因为在这里比较的两类人在自身特质方面可能存在很大差异，上大学的孩子可能本身就很出色（更聪明、有毅力、能力强等），因而更有可能获得更高的收入。即收入高和上大学可能是由共同原因或潜在因素造成的相关性，或者说选择上大学本身可能就和这些人自身的某些特性有关，而这些特性也会影响他们的收入水平。这种情况下，上过大学的人工资水平高是站不住脚的。这是由于样本存在自选择问题，即是否上大学是样本自己选择的结果，并非随机的。但是现实中，我们无法随机分配上大学的机会，这是不可能的，也是不道德的。因此，现实中很多随机性原则是无法满足的，我们无法比较同一个人上大学的收入和他不上大学的收入。

样本选择偏差是指样本的选择不是随机的，而是与某些因素相关。在利用统计或计量经济学方法进行参数估计时，待估参数的结果完全依赖于从总体中抽取的样本数据。从理论上讲，完全随机状态下抽取的样本才能代表总体的特征，根据样本数据所得到的总体参数估计值才能准确反映总体的特征。此时的参数估计值才符合无偏性和一致性的假设。随机抽取的样本容量越大，越能准确描述总体的性质。

反过来，如果样本不是随机抽取的，那么不管我们的样本容量有多大（除非是选择总体），据此样本数据得出的待估参数值必然不能对总体特征进行准确的反映。但是，在实际研究中，由于所研究事件的总体范围过大，或缺少边界，所以大部分的样本都做不到随机抽取。研究者只能按照一定的规则和限定范围完成非随机抽样，导致可能发生样本选择偏差问题。常见的样本选择偏差有两种：一种是所抽取的样本不是随机的，另一种是抽取的样本数量不够多。

2. 倾向评分匹配

倾向评分匹配（Propensity Score Matching，PSM）作为一种统计学的方法，常常应用于处理观察研究（Observational Study）的数据。在进行观察研究时，由于各种各样的原因，可能出现数据偏差（Data Bias）和混杂变量（Confounding Variables），这时，为了更合理地对处理组和对照组进行比较，可以采用倾向评分匹配的方法以减少这些统计偏差和混杂变量的影响。1983 年，由两位统计学家 Paul Rosenbaum 和 Donald Rubin 率先提出，后来被广泛应用于公共卫生、医学、经济学、管理学等领域。

举例来说，如果想要研究吸烟对人类健康的影响，一个天真的做法就是直接对比吸烟组和未吸烟组的健康状况。在这个调查过程中，研究人员得到的数据常常是观察数据，而不是随机对照实验数据（Randomized Controlled Trial data）。原因很简单，因为抽查样本中吸烟者的行为和结果，以及不吸烟者的行为和结果，是很容易观察到的。可是观察数据不是随机对照实验数据，如果不加调整，单纯依靠观察结果很容易得到偏差的研究结论。比如不考虑被试人群的基础健康状况，单就拿吸烟组和不吸烟组的健康数据进行比较，可能会得出吸烟对于健康并无负面影响的结论，无法反映吸烟与健康之间的真实相关性。这种错误结论的原因在观察研究的样本抽取没有采用随机分组的方式，分组前未考虑研究样本人群初始健康的状况，很容易产生选择偏差。倾向评分匹配就是通过消除组别之间的混杂变量的影响来解决这个问题。

为此，Donald Rubin 提出了一个鲁宾因果模型，即"反事实框架"（counterfactual framework）。倾向得分匹配方法就是基于此种推断框架。"反事实"意味着我们观察不到，因为一个样本只能处于一种状态（吸烟组和非吸烟组），我们无法观察到一个非吸烟组的个体在吸烟状态下的健康情况。因此，对于处在吸烟组的成员而言，反事实就是处在不吸烟状态下的健康状况；相反，对于处在非吸烟组的成员而言，反事实就是处在个体吸烟状态下的潜在健康状况。显然，我们无法同时观察到一个个体是吸烟者和非吸烟者的两种健康结果，这就实质上是数据缺失问题。

这时就要采用匹配的方式进行干预效应分析。匹配估计量是基于鲁宾反事实框架，其基本思想是假设个体 i 属于处理组，那么找到控制组的个体 j，使得个体 j 与个体 i 的可观测变量的取值尽可能相近（匹配），即 $X_i = X_j$，依据 Rosenbaum 和 Rubin 提出的"可忽略性"假设，个体 i 和个体 j 具有可比性。最简单的的匹配方式是将处理组和控制组中观测变量 X 的值相同的两个个体进行配对分析。更一般地，如果 X 不是一个变量，而是多个变量（如 X 为 k 维向量）时，如果直接用 X_i 进行匹配，意味着要在高维空间进行观测变量的匹配，可能很难找到相近的向量 X_i 与之匹配。针对这个问题，Rosenbaum 和 Rubin 提出了采用"倾向得分"（p - score）的方式进行匹配，即可以使用某一函数 $f(x_i)$ 将 k 维变量的信息压缩至 1 维，两位统计学家成功解决了观测变量 X 的维度问题。

在使用样本数据估计倾向得分时，可以使用 probit 或 logit 参数估计方法，也可使用非参数估计方法，但当下主流的选择是 logit 回归。倾向得分中包含了 X 中所有变量的信息，综合反映了每个个体 X 变量组的水平。

举例进行说明。如果要研究企业的 R&D 投入对企业绩效的影响，匹配思想是这样的：假如有两家企业，其 R&D 投入明显不同，但是其他各方面都高度相同，例如公司规模、杠杆率、所属行业、公司治理结构等，那么在其他各方面都高度相同的情况下，这时就可以把公司绩效的差异归因到 R&D 投入的差异。这种找到一个控制组的个体，使得该个体与处理组的个体在除自变量外其他各因素都相似（也就是匹配），通过自变量的差异解释因变量差异的行为，就是匹配的思想。

PSM 的实施步骤如下：

第一步：选择协变量 X（一个或几个观测变量）。X 的选择遵循与 Y_i（0）和 Y_i（1）潜在结果相关的原则，如果选择不当就会引起匹配偏差。

第二步：估计倾向得分，一般采用 logit 回归。

第三步：进行倾向得分匹配。如果倾向得分估计准确，则可以使得协变量 X 在匹配后的处理组和控制组中分布平衡。在进行倾向得分匹配时，可以采用的几种方法如下：方法之一"k 近邻匹配"（k-nearest neighbor matching），即寻找 p-score 最接近的 k 个不同组个体进行匹配。方法之二"卡尺匹配"（caliper matching）或"半径匹配"（radius Matching），即设定一个倾向得分的绝对距离 r，使得 $|p_i - p_j| \leqslant r$，一般要求 $r \leqslant 0.25$ $\hat{\sigma}_{p\text{-}score}$，$\hat{\sigma}_{p\text{-}score}$ 是倾向得分的样本标准差。方法之三"卡尺内最近邻匹配"（nearest neighbor matching with caliper），这是较为流行的一种匹配方法，即给定卡尺举例 r，在 r 范围内寻找最近匹配。以上三种方法都属于近邻匹配。方法之四"核匹配"（kernel matching），此方法由 Heckman（Heckman et al.，1998）等提出，即使用核函数来计算权重，将处理组个体得分值与控制组所有样本得分值加权平均获得平均估计效应。

第四步：根据匹配后样本（matched sample）计算平均处理效应（ATT）。

为了减少可能存在的选择性偏差问题的影响，本研究利用倾向得分匹配（PSM）方法，选择资产规模（Size）资产收益率（ROA）和所有权性质（Ownership）作为协变量来对样本企业进行匹配，减少混杂变量对处理效应的影响，进而确定薪酬和股权激励对研发支出的影响。经过样本匹配，我们得到了 Size-ROA-and-Ownership 匹配的高激励组（处理组）和低激励组（对照组）两组样本。关于使用 PSM 方法进行样本匹配的具体操作过程如下：①Logit 模型的变量设置。Logit 模型中的因变量是一个二元逻辑变量。本研究按照高管薪酬的平均值作为分组依据，当这些公司被处理时，这意味着他们的高管薪酬高于完整样本的平均值，二元逻辑变量被赋值为 1，否则赋值为 0。②使用最近邻匹配方法进行一对一匹配（用卡尺匹配）获得匹配样本。本研究选择逻辑回归来估计公司是否处于高激励组的倾向得分。经过该匹配程序，共产生了 5 501 个高管薪酬高低组匹配样本和 8 407 个股权激励高低匹配样本。

一般要求匹配后的样本所有纳入变量应该达到均衡，否则后续的分析会有偏差。匹配样本的平衡性检验如图 7 - 4。

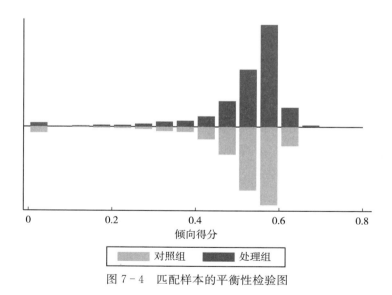

图 7 - 4　匹配样本的平衡性检验图

基于上述稳健的样本匹配思想，本研究在完成样本匹配后，对匹配后的样本进行估计，估计了高管薪酬对研发支出的处理效应（ATT）。表 7 - 4 的 Panel A 显示，高薪酬样本的研发支出平均为 188 148 899，

低薪酬样本的研发支出平均为 135 750 249。研发支出的处理效果为
52 398 650.2，通过了 1‰的显著性检验，具有统计学意义。这是一个初
步研究结论，即更高的高管薪酬会导致更多的研发支出。Panel B 显示高
股权激励企业的平均研发支出为 97 924 026，低股权激励企业的 R&D 支
出为 85 987 972.3。平均处理效应为 11 936 053.7，未通过 t 检验。因此，
不能做出股权激励可以促进研发投入的初步判断。

表 7-4　研发支出处理效应

Panel A：高管薪酬激励

样本	处理组	控制组	差异	标准误	t 检验
匹配前	189 297 875	66 321 848.7	122 976 026	4 667 551.58	26.35
匹配后	188 148 899	135 750 249	52 398 650.2	7 741 670.2	6.77

Panel B：高管股权激励

样本	处理组	控制组	差异	标准误	t 检验
匹配前	97 971 970.1	125 874 166	−27 902 195.5	4 763 846.43	−5.86
匹配后	97 924 026	85 987 972.3	11 936 053.7	7 363 011.85	1.62

注：本研究以企业规模、资产回报率和所有权性质作为匹配样本的协变量，按照激励的平均值将
样本分为两组：包括高激励（处理组）和低激励（对照组）。本研究基于 PSM 方法，估计了样本匹配
后高管薪酬对研发支出的处理效应（ATT）。

7.4.5　固定效应估计

在进行面板数据分析时，本研究首先通过豪斯曼（Hausman）检验
以确定估计模型应采用随机效应还是固定效应。Hausman 检验的结果
（表 7-5）在自变量为高管薪酬和股权激励的两个模型中都显示"Prob＞
chi2＝0.000 0"，这意味着 H_0 被拒绝，即固定效应估计更适合估计模型。

表 7-5　Hausman 检验结果

Panel A：高管薪酬激励

	FE	RE	Difference	SE
PAY	0.110	0.234	−0.124	0.022
age	0.081	−0.024	0.105	0.029

（续）

Panel A：高管薪酬激励

	FE	RE	Difference	SE
cash	−0.516	−0.476	−0.039	0.048
tangible	0.586	0.097	0.489	0.109
	0.738	0.740	−0.002	0.028
ROA	1.276	1.409	−0.133	0.135
State-ownership	0.094	0.083	0.011	0.107
lev	−0.290	−0.260	−0.030	0.076

Test：H0：difference in coefficients not systematic
Prob＞chi2＝0.000 0

Panel B：高管股权激励

	FE	RE	Difference	SE
SHARE	0.008	0.011	−0.004	0.001
age	0.075	−0.023	0.098	0.019
cash	−0.432	−0.453	0.021	0.016
tangible	0.356	0.116	0.240	0.043
size	0.735	0.785	−0.050	0.012
ROA	1.276	1.409	−0.133	0.135
State-ownership	−0.071	0.000	−0.071	0.061
lev	−0.165	−0.280	0.115	0.025

Test：H0：difference in coefficients not systematic
Prob＞chi2＝0.000 0

注：FE 为固定效应估计结果，RE 为随机效应估计结果。因为估计结果显示"Prob＞chi2＝0.000 0"，这意味着原假设"H₀：存在随机效应"被拒绝。Hausman 检验表明应该采用固定效应估计。

根据 Hausman 检验的结果，面板数据模型选择了固定效应估计方法进行回归分析。表 7-6 报告了固定效应估计结果。Panel A 显示了对自变量为高管货币薪酬的模型的估计结果。PAY 对研发支出的回归系数在全行业样本中为 0.110，显著性水平为 1%。这意味着从全行业来看，增加高管货币薪酬可以提高研发投入。表格的第二列和第三列分别显示了 EFD 行业和 IFD 两个子样本的回归结果。对于 EFD 行业，PAY 的回归系数为 0.126，显著性水平为 1%。说明较高的高管货币薪酬可以刺激 EFD 行业增加研发投资。而对于 IFD 行业，该系数为 0.056 1，虽然为正值但未通过显著性检验。对三个样本分组的回归结果表明，较高的高管货币薪酬在刺激 EFD 行业的研发投资方面发挥了更大的作用，说明 EFD 对高管货币薪酬和研发支出的关系具有正向调节作用，研究结论支持 H5。

表 7-6　固定效应估计

Panel A：Executive compensation

因变量：ln*spend*

	全行业	EFD 行业	IFD 行业
PAY	0.110***	0.126***	0.056 1
Cash	−0.516***	−0.503***	−0.562*
Tangible	0.586***	0.485***	0.936***
Size	0.738***	0.704***	0.836***
ROA	1.276***	1.472***	0.465
Lev	−0.291**	−0.072	−1.003***
Age	0.081***	0.093***	0.036 1
State-ownership	0.094	−0.060	0.362
_cons	0.240	0.891	−1.444
ζ_t	control	control	control
N	5 501	4 249	1 252
F-test sig.	0.000	0.000	0.000

Panel B：Executive equity incentive

因变量：ln*spend*

	全行业	EFD 行业	IFD 行业
SHARE	0.007***	0.006***	0.016***
Cash	−0.426***	−0.396***	−0.562***
Tangible	0.397***	0.300***	0.811***
Size	0.723***	0.723***	0.694***
ROA	1.977***	1.872***	1.914***
Lev	−0.127	0.008	−0.701***
Age	0.078 7***	0.077 5***	0.079 6
State-ownership	−0.022	−0.022	−0.067
_cons	0.816	0.921	1.067
ζ_t	control	control	control
N	8 407	6 728	1 679
F-test sig.	0.000 0	0.000 0	0.000 0

注：本研究将规模—资产回报率和所有权匹配的样本分为 EFD 和 IFD 行业。Panel A 显示了高管货币性薪酬对研发支出的估计结果。Panel B 显示了高管股权激励对研发支出的估计结果。*、**、*** 分别表示在 10%、5%、1%的显著性水平。

公司试图通过增加高管薪酬来降低高管的代理成本。薪酬较高的高管可以承担更高的融资风险和投资风险（Hoskisson et al.，2009；Fu，2012；Kanapathippillai，2019）。同时，外部投资者将较高的高管薪酬视为良好公司治理的积极信号（Chen et al.，2010）。这将减少企业与外部投资者之间的信息不对称，为投资活动带来更多的外部资本，这可以为EFD行业的公司带来更广泛的外部资金资源来支持经理人的投资决策。同时，外部投资者的监管也可以降低代理成本，从而促进管理层的创新投资行为（Wright et al.，2002；Hoskisson et al.，2016）。

Panel B 显示了高管股权激励对研发投资的估计结果。SHARE 的回归系数在所有行业组、EFD行业组和IFD行业组都与研发支出呈显著的正相关关系。EFD 行业的 SHARE 系数为 0.006，小于 IFD 行业（0.016），说明外部融资依赖度对高管股权激励与研发支出的关系具有负调节作用。研究假设 H6 得到部分支持。

对固定效应回归中控制变量的回归结果简要分析如下：现金类资产占比（Cash）的回归系数在三个样本回归中，均为负值，且显著，说明企业持有的现金资产越多，企业进行研发投资就越少。企业的资产配置、投资倾向，以及高管可能存在的职务消费较多，也会影响企业的长远投资。固定资产占比（Tangible）的回归系数都显著为正。企业规模（Size）的回归系数在三个样本回归中，显著为正，这说明企业规模越大，企业研发投入越多，大企业依然是中国创新研发的中坚力量。

经过固定效应回归分析，得出提高高管货币薪酬可以促进企业的研发支出，尤其是对于外部融资依赖的行业，这个促进作用更加明显，说明外部融资依赖对高管货币性薪酬和研发支出的关系具有正向调节作用。对于高管股权激励来说，可以促进企业的研发支出，尤其是对于IFD行业的企业来说，促进作用更明显。这说明外部融资依赖对高管股权激励和研发支出之间的关系具有负向调节作用。

出现这样的研究结果是有一些潜在原因可以解释的。首先，虽然股权激励在大多数情况下被认为是降低代理成本的更有效方式，但过度的外部监管可能会给管理者的投资决策带来压力，尤其是短视投资者会过分关注短期经营效益，而忽视企业长远发展（Faleye，2011）。其次，外部融资比内部融资风险更大，根据威胁刚性理论（威胁刚性理论预测管理者在面临不利环境时总是采取保守的战略行为）（Scott & Braun，2009），持有企业股权的高管，当面临具有不确定性损失的时候，更喜欢采取保守的战略行为以规避自身财富的损失（Staw et al.，1981）。这也可能导致对持有上市公司股权的高管在进行研发投资决策时的额外担忧。这表明，当面临与公司相关的个人财富的潜在损失时，持股高管更有可能限制风险投资（Scott & Braun，2009；Hoskisson et al.，2016）。从中国经济环境来看，中国资本市场尚处于起步发展阶段，且现有条件下中国股权激励方案还存在诸多不足。股价的变化往往不是单纯取决于管理者自身对企业经营的努力，更大程度上取决于宏观经济环境变化和资本市场的成熟度。在这种融资环境下，政策变化和资本市场波动等宏观因素对外部融资依赖企业的影响更大，容易造成其股价的波动。同时，经理人手中持有的股票种类一般都比较单一，风险没有分散化，因此股票价格的波动会直接影响到他们的个人财富（Gormley & Matsa，2016）。这种对个人财富波动的担忧也可能降低股权激励对 EFD 行业研发投资的效果。

7.5　稳健性检验

7.5.1　全样本固定效应检验

PSM 方法虽然为后续的回归构造了匹配的样本，但也造成了样本容量的较大损失。为了进一步验证我们的研究结论，本研究对全样本进行了固定效应回归，发现回归结果与之前的研究结果一致。表 7-7 展示了全样本固定效应模型回归的结果。

表 7-7　全样本固定效应估计结果

Panel A：Executive compensation incentive
因变量：ln*spend*

	全行业	EFD 行业	IFD 行业
PAY	0.085***	0.104***	0.001
Cash	−0.384***	−0.361***	−0.505***
Tangible	0.512***	0.454***	0.764***

（续）

Panel A：Executive compensation incentive
因变量：ln*spend*

	全行业	EFD 行业	IFD 行业
Size	0.713***	0.709***	0.711***
ROA	1.623***	1.605***	1.337***
Lev	−0.161**	0.005 25	−0.806***
Age	0.072 3***	0.069 8***	0.077 6
State-ownership	−0.032 4	−0.140	0.182
_*cons*	0.866	1.086*	0.560
ζ_t	control	control	control
N	10 036	8 011	2 025
F-test sig.	0.000 0	0.000 0	0.000 0

Panel B：Executive equity incentive
因变量：ln*spend*

	全行业	EFD 行业	IFD 行业
SHARE	0.006***	0.005***	0.009*
Cash	−0.385***	−0.360***	−0.500***
Tangible	0.500***	0.429***	0.784***
Size	0.723***	0.721***	0.700***
ROA	1.717***	1.728***	1.310***
Lev	−0.162**	0.006 83	−0.822***
Age	0.078 7***	0.077 5***	0.079 6
State-ownership	−0.031 5	−0.141	0.184
_*cons*	0.562	0.693	0.765
ζ_t	control	control	control
N	10 036	8 011	2 025
F-test sig.	0.000 0	0.000 0	0.000 0

注：根据 EFD_i 的平均值，将包含 10 036 家制造企业的完整样本分为 EFD 和 IFD 行业，$EFD_i \geqslant$ 平均值的企业归类为 EFD 行业，$EFD_i <$ 平均值的企业归类为 IFD 行业。本研究分别对所有行业、EFD 行业和 IFD 行业应用固定效应回归。Panel A 显示了高管货币薪酬对研发支出的回归结果。Panel B 显示了高管股权激励对研发支出的回归结果。*、**、*** 分别表示在 10%、5%、1% 的显著性水平。

　　表 7-7 报告了全样本固定效应估计结果。Panel A 显示了对自变量为高管货币薪酬的模型的估计结果。PAY 对研发投入的回归系数在全行业

样本中为 0.085，显著性水平为 1%。这意味着从全行业来看，增加高管
货币薪酬可以提高研发投入。表格的第二列和第三列分别显示了 EFD 行
业和 IFD 两个子样本的回归结果。对于 EFD 行业，PAY 的回归系数为
0.104，显著性水平为 1%，说明较高的高管货币薪酬可以刺激 EFD 行业
增加研发投资。而对于 IFD 行业，该系数为正值但未通过显著性检验。
对三个样本分组的回归结果表明，较高的高管货币薪酬在刺激 EFD 行业
的研发投资方面发挥了更大的作用，说明外部融资依赖对高管货币薪酬和
研发支出的关系具有正向调节作用，研究结论与 PSM 匹配样本的固定效
应回归一致。

　　Panel B 显示了高管股权激励对研发投资的估计结果。SHARE 的回
归系数在所有行业组、EFD 行业组和 IFD 行业组分别是 0.006、0.005 和
0.009，都与研发支出呈显著的正相关关系。EFD 行业的 SHARE 系数小
于 IFD 行业，说明外部融资依赖度对高管股权激励与研发投入的关系具
有负调节作用。研究假设 H6 得到部分支持。

　　对固定效应回归中控制变量的回归结果简要分析如下：Cash 的回归
系数在高管货币性薪酬和股权激励回归中的三个样本中，均为负值，且显
著，说明企业持有的现金资产越多，企业进行研发投资就越少。企业的资
产配置、投资倾向，以及高管可能存在的职务消费较多，也会影响企业的
长远投资。Tangible 的回归系数都显著为正，说明固定资产占比越大，企
业研发投入越大。Size 的回归系数在三个样本回归中，显著为正，这说明
企业规模越大，企业研发投入越多。

7.5.2　全样本层次回归检验

　　本研究还应用层次回归方法来检验实证结果的稳健性。层次回归就是
检验加入某个变量后前后两次回归的结果，通过比较以判断该变量是否有
效改进模型拟合效果。通常是比较拟合优度 R^2，R^2 变大，则模型拟合更
好，新加入的变量对被解释变量有效。也就是说，改进模型的 R^2 明显大
于原先模型，说明加入新变量后，回归模型更优。从回归系数上看，原先
模型某个自变量的系数不显著，但在模型中加入新变量以后，系数显著，
同样也反映新变量对于模型的优化作用。

$$\ln spend_{ikt} = \beta_0 + \beta_1 PAY_{ikt} + \beta_2 EFD\_D + \beta_3 X_{ikt} + \zeta_t + \varepsilon_{ikt} \quad (7-3)$$

$$\ln spend_{ikt} = \beta_0 + \beta_1 SHARE_{ikt} + \beta_2 EFD\_D + \beta_3 X_{ikt} + \zeta_t + \varepsilon_{ikt}$$
$$(7-4)$$

$$\ln spend_{ikt} = \beta_0 + \beta_1 PAY_{ikt} + \beta_2 EFD\_D + \beta_3 PAY_{ikt} \times$$
$$EFD\_D + \beta_3 X_{ikt} + \zeta_t + \varepsilon_{ikt} \qquad (7-5)$$

$$\ln spend_{ikt} = \beta_0 + \beta_1 PAY_{ikt} + \beta_2 EFD\_D + \beta_3 SHARE_{ikt} \times$$
$$EFD\_D + \beta_3 X_{ikt} + \zeta_t + \varepsilon_{ikt} \qquad (7-6)$$

本研究实施层次回归法的第一步是将自变量和调节变量引入模型（7-3）和（7-4）。第二步，将自变量、调节变量和它们的交互项同时引入方程（7-5）和（7-6）。为了减轻变量间的多重共线性，对变量进行了对中化处理。表7-8显示了分层回归结果。Panel A显示高管货币薪酬对研发投入的回归结果，Panel B显示股权激励对研发投入的回归结果。

表7-8 分层回归结果

Panel A：Executive compensation incentive
自变量：ln$spend$

Variables	Model（6）	Model（8）
PAY	0.335***	0.342***
EFD_D	0.489***	0.483***
$PAY \times EFD\_D$		0.174***
控制变量	control	control
N	10 036	10 036
$Adjust\text{-}R^2$	0.453 6	0.454 9

Panel B：Executive compensation incentive
自变量：ln$spend$

Variables	Model（7）	Model（9）
$SHARE$	0.017***	0.018***
EFD_D	0.482***	0.474***
$SHARE \times EFD\_D$		−0.016***
控制变量	control	control
N	10 036	10 036
$Adjust\text{-}R^2$	0.441 1	0.442 3

注：*、**、***分别表示在10%、5%、1%的显著性水平。

7.6　高管持股比例对研发投资的影响

上文研究了自变量为高管股权激励数量对企业研发投资的影响，考虑到持股数量为绝对指标，会受到企业在外发行股数的影响。那么，在本节内容中，将从高管持股比例出发，探究其对企业研发投资的影响效果。

7.6.1　样本选择与数据来源

本书选取 2009—2018 年在 A 股上市的制造业企业为研究样本。数据主要包括研发投入、高管激励和公司财务数据等，数据来源于国泰安经济金融研究数据库（CSMAR）和 RESSET 数据库。为了避免统计偏差，本研究剔除了总资产、研发投入等主要数据缺失的样本。另外，为了消除异常值的影响，本研究对总资产、资产收益率、资产负债率等连续变量进行了 1％ 和 99％ 的缩尾处理。经过筛选，最终得到 28 个制造业细分行业的 1 837 个公司作为研究的初始样本。

7.6.2　模型设计

根据上文假设，本研究构建了以下计量经济学模型对假设 H8 进行实证检验。

$$\ln spend_{ikt} = \beta_0 + \beta_1 SHARER_{ikt} + \beta_2 X_{ikt} + \zeta_t + \varepsilon_{ikt} \quad (7-7)$$

其中，i 代表行业，k 代表公司，t 代表年份，被解释变量为企业每年的研发投入（$\ln spend$），解释变量为高管持股比例（$SHARER$），调节变量为行业的外部融资依赖，X_{ikt} 是可能影响企业研发投入的一组控制变量的集合，ε_{ikt} 是误差项。模型中各变量的定义见表 7-9。

表 7-9　变量定义

变量	定义	测量方法
$\ln spend$	研发投入	研发支出总额的自然对数
PAY	高管薪酬	前 3 名高管薪酬总额自然对数
$SHARER$	高管持股比例	高管持股数量/股本总数

（续）

变量	定义	测量方法
EFD_i	各行业外部融资依赖度	2008—2017 年行业外部融资依赖值的中位数
EFD_D	外部融资依赖虚拟变量	$EFD_i>0$ 为 1，否则为 0
$Cash$	现金比率	现金资产/资产总额
$Tangible$	固定资产比率	固定资产/资产总额
$Size$	企业规模	资产总额自然对数
ROA	总资产报酬率	净利润/资产总额
Lev	资产负债率	负债总额/资产总额
Age	企业成立时间	企业成立年限
$State\_D$	产权性质	国企为 1，其他为 0

7.6.3 描述性统计与相关分析

表 7-10 给出了主要变量的描述性统计和相关性分析结果。结果显示，高管股权激励与研发投入的相关系数为 -0.18，显著性水平为 1%，说明解释变量与被解释变量之间显著相关。主要的控制变量也与被解释变量显著相关，说明选取的指标对被解释变量具有很好的解释力。

表 7-10　描述性统计和相关系数

	Mean	S.D.	1	2	3	4	5	6	7	8	9
1. ln$spend$	17.62	1.36	1.00								
2. $SHARER$	0.14	0.20	-0.18***	1.00							
3. $Cash$	0.20	0.15	-0.16***	0.27***	1.00						
4. $Tangible$	0.23	0.13	0.01	-0.22***	-0.43***	1.00					
5. $Size$	21.78	1.05	0.62***	-0.38***	-0.30***	0.15***	1.00				
6. ROA	0.06	0.05	0.05***	0.18***	0.28***	-0.20**	-0.13***	1.00			
7. Lev	0.37	0.19	0.26***	-0.32***	-0.46***	0.24***	0.54***	-0.40***	1.00		
8. Age	14.65	5.68	0.11***	-0.23***	-0.20***	0.08***	0.27***	-0.10***	0.19***	1.00	
9. $State\_D$	0.28	0.44	0.170***	-0.43***	-0.13***	0.16***	0.33***	-0.19***	0.32***	0.24***	1.00

注：*、**、*** 分别表示在 10%、5%、1%的显著性水平。

7.6.4　单变量分析

　　本研究根据高管激励的平均值将样本分为两组，高于平均水平的样本是高激励企业，低于平均水平的样本是低激励企业。表 7-11 给出了主要变量指标均值的比较结果。Panel A 显示高薪酬组比低薪酬组的企业规模更大，成立年限更长，国有企业更多；与低薪酬组相比，高薪酬样本组具有更少的现金资产和有形资产，但具有更高的资产报酬率（7%vs5%）和负债率（39%vs36%）。关于研发支出，高薪酬组样本的研发支出显著高于低薪酬组。由 Panel B 结果可知，高股权激励的公司比低股权激励的公司成立时间短且规模较小，具有较高的现金资产（24%）和较低的债务比率（30%）。从企业所有权性质方面分析，研究发现较少的国有企业处于高股权激励样本组，符合我国国有企业的现实情况。在两个子样本之间，低股权激励组的研发支出显著高于高股权激励组（17.79%vs17.34%）。研究结果初步表明，在中国制造业中，国有企业高管的股权激励虽然较低，但研发投入较高。

表 7-11　双样本 t 检验

Panel A								
	Age	Cash	Tangible	Size	ROA	Lev	State _ D	R&D
高薪酬组	15.71	0.19	0.22	22.29	0.07	0.39	0.31	18.26
低薪酬组	14.16	0.21	0.23	21.52	0.05	0.36	0.25	17.29
均值差	1.55	−0.1	−0.01	0.77	0.02	0.03	0.06	0.97
t 检验	13.06	−4.65	−2.57	37.18	20.80	6.33	5.79	36.16
Panel B								
	Age	Cash	Tangible	Size	ROA	Lev	State _ D	R&D
高股权组	13.04	0.24	0.19	21.29	0.07	0.30	0.01	17.34
低股权组	15.49	0.18	0.25	22.04	0.05	0.41	0.43	17.79
均值差	−2.45	0.06	−0.06	−0.75	0.02	−0.10	−0.42	−0.46
t 检验	−20.69	19.94	−21.32	−35.57	13.51	−29.00	−48.14	−15.75

7.6.5　趋势分析

　　为了初步观察企业研发投入与高管薪酬激励之间的趋势关系，计算了样本企业 2009—2018 年研发投入、高管薪酬激励和股权激励的平均数（表 7-12）。通过对各年均值的比较可以看出，企业研发投入总体上呈现上升趋势，高管的薪酬和股权激励也呈上升趋势，因此，可以初步判断，在 2009—2018 年，三个变量的变化趋势大体一致，可能存在正相关关系。

表 7-12　高管激励与研发投入均值比较

年份	ln$spend$	ln$compens$	$EquityR$
2009	16.991 76	13.755 3	0.050 337 28
2010	16.811 45	13.750 44	0.124 809 8
2011	16.978 45	13.829 63	0.204 692 74
2012	17.193 89	13.927 08	0.242 902 46
2013	17.505 11	14.043 06	0.151 555 11
2014	17.621 39	14.111 73	0.139 774 03
2015	17.688 71	14.188 35	0.128 074 8
2016	17.745 43	14.245 46	0.132 525 46
2017	17.789 15	14.314 97	0.145 987 65
2018	17.964 83	14.420 15	0.134 382 09

　　为了直观地显示高管激励与研发投资的关系，图 7-5 描绘了各年度

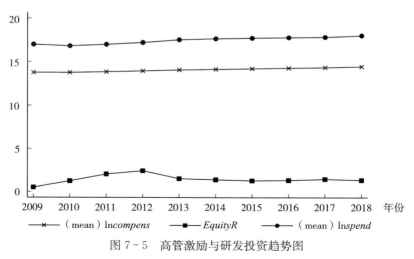

图 7-5　高管激励与研发投资趋势图

高管薪酬、高管股权比例以及研发投资的均值。通过趋势线可以看出，在2009—2018年，高管薪酬与研发投资逐年增长，初步判断，高管薪酬与研发投资正相关。而高管持股比例在2011年和2012年陡然增加，到2013年之后回归缓慢增长趋势，总体而言，高管持股比例与研发投资呈现正相关。趋势分析结果提供了关于高管激励和研发投资关系的直观判断，后续研究中将引入外部融资依赖变量进一步分析三者之间的关系。

7.6.6　样本匹配

为了减少可能存在的选择性偏差问题的影响，本研究利用倾向得分匹配（PSM）方法，选择资产规模（$Size$）、ROA 和所有权性质作为协变量来对样本企业进行匹配，进而确定薪酬和股权激励对研发投入的影响。经过样本匹配，我们得到了 Size-ROA-and-Ownership 匹配的高激励组（处理组）和低激励组（对照组）两组样本。关于使用 PSM 方法进行样本匹配的具体操作过程如下：①Logit 模型的变量设置。Logit 模型中的因变量是一个二元逻辑变量。本研究按照高管薪酬的平均值作为分组依据，当这些公司被处理时，意味着高管薪酬高于完整样本的平均值，二元逻辑变量被赋值为 1，否则赋值为 0。使用最近邻匹配方法进行一对一匹配（用卡尺匹配）获得匹配样本。该研究选择逻辑回归来估计公司是否处于高激励组的倾向得分。经过该匹配程序，共产生了 5 501 个高管薪酬高低组匹配样本和 5 041 个股权激励高低匹配样本。②在完成样本匹配后，本研究对高管激励对研发支出的处理效应（ATT）进行了估计，结果如表 7 - 13 所示。Panel A 显示高薪酬样本组的研发投入平均为 18.12，低薪酬组的 R&D 支出平均为 17.60，研发支出的处理效应为 0.52，通过了显著性检验。这初步验证了高管薪酬的提高可以促进研发投入。Panel B 显示高股权激励样本的 R&D 平均支出为 17.34，低股权激励样本的 R&D 平均支出为 17.20，平均处理效应为 0.14，通过显著性检验。因此，初步判断股权激励可以促进研发投入。③对倾向得分匹配样本的平衡性进行了检验，如表 7 - 14 所示，结果显示匹配后处理组和控制组的主要控制变量在 10%的显著性水平上无差异。

表 7 - 13　研发投入的处理效应

Panel A：高管薪酬激励

样本	处理组	控制组	差异	标准误	t 检验
匹配前	18.14	17.18	0.96	0.03	36.88
匹配后	18.12	17.60	0.52	0.04	13.05

Panel B：高管股权激励

样本	处理组	控制组	差异	标准误	t 检验
匹配前	17.34	17.35	−0.00	0.03	−0.04
匹配后	17.34	17.20	0.14	0.05	2.99

表 7 - 14　倾向得分匹配样本平衡性检验

变量	处理组	控制组	差异	t 检验	P 值
Asset	22.12	22.19	−0.07	−0.80	0.426
ROA	0.07	0.06	0.01	1.55	0.120
State _ D	0.30	0.32	−0.02	−1.62	0.105

7.6.7　固定效应模型估计

为了减轻可能存在的选择性偏差问题，实证分析主要基于匹配后的样本。经 PSM 匹配后，高管股权激励样本组共有 5 041 组数据。我们将匹配样本进一步分为外部融资依赖（EFD）行业和内部融资依赖（IFD）行业两个子样本，使用 Stata 分析软件，根据 Hausman 检验的结果，选择固定效应模型对全行业、EFD 行业和 IFD 行业分别进行回归分析。表 7 - 15 给出了固定效应回归的结果。

模型 7 - 15 的估计结果显示，在全行业样本中，高管股权激励的回归系数为 0.407，EFD 行业的系数为 0.445，都与研发投资显著正相关，表明提高股权激励可以促进企业的研发投入。EFD 行业高管股权激励的系数比全行业高 0.038，这表明 EFD 对高管股权激励与研发投入之间的关系具有正向调节作用，与 H2 假设相符。

企业所有者通过提高高管的股权激励以提高管理者的风险承担能力，降低公司代理成本。同时，外部投资者将较高的高管持股比例视为改善公司治理的积极信号，这有利于减少企业与资本市场的信息不对称，可以为企业带来更多的外部投资以支持企业研发活动。外部投资者的监督也可以降低代理成本，从而促进管理层的创新投资行为。

表 7 - 15　固定效应回归结果

被解释变量：$R\&D$

变量	全行业	EFD 行业	IFD 行业
SHARER	0.407 ***	0.445 ***	−0.066
Cash	−0.497 ***	−0.469 ***	−0.637 ***
Tangible	0.515 ***	0.669 ***	−0.118
Size	0.708 ***	0.753 ***	0.421 ***
ROA	2.136 ***	2.165 ***	1.629 ***
Lev	0.071	0.122	−0.163
Age	0.057 ***	0.045 ***	0.127 ***
State _ D	0.139	−0.097	0.846 **
常数项	1.179 *	0.382	6.400 ***
ζ_t	控制	控制	控制
观测值	5 041	4 119	922
F 检验	0.000 0	0.000 0	0.000 0

注：* 、** 、*** 分别表示在 10%、5%、1%的显著性水平。

7.6.8　对研发投资效率影响的进一步分析

据前文分析，提高高管薪酬作为企业向资本市场释放的积极信号，将更有利于企业的创新融资，反过来，资本市场的外部监督机制将提高企业的资源配置效率，提高企业研发投资利用率。为了验证前文结论的稳健性，进一步研究外部融资依赖、高管激励和企业研发投资的关系，本部分选择单位研发投资对应的企业专利申请量（Apply）作为研发投资效率的指标，利用固定效应模型对模型（7－8）和模型（7－9）进行了参数估计。

$$Apply_{ikt} = \beta_0 + \beta_1 PAY_{ikt} + \beta_2 X_{ikt} + \zeta_t + \varepsilon_{ikt} \qquad (7-8)$$

$$Apply_{ikt} = \beta_0 + \beta_1 SHARE_{ikt} + \beta_2 X_{ikt} + \zeta_t + \varepsilon_{ikt} \qquad (7-9)$$

主要参数的估计结果如表 7 - 16 所示。

表 7 - 16　固定效应回归估计结果

被解释变量	专利申请量 $Apply$		
	全行业	EFD 行业	IFD 行业
PAY	0.372*	0.461**	0.305
$Cash$	−0.261	−0.246	−0.343
$Tangible$	−0.437	−0.376	−0.767
$Size$	2.133***	2.502***	−0.306
ROA	1.247	2.049	0.296
Lev	−0.649	−1.023	0.251
Age	−0.104	−0.154	0.343
$State\_D$	−0.470	−0.492	−0.450
$\_cons$	控制	控制	控制
ζ_t	控制	控制	控制
$F\text{-test sig.}$	0.000	0.000	0.000
被解释变量	专利申请量 $Apply$		
	全行业	EFD 行业	IFD 行业
$SHARE$	1.311**	1.767***	−1.018
$Cash$	−0.484	−0.561	−0.366
$Tangible$	−0.445	−0.450	−0.837
$Size$	2.204***	2.569***	−0.218
ROA	1.764	2.616	0.071
Lev	−0.693	−1.069	0.243
Age	−0.047	−0.077	0.314
$State\_D$	−0.360	−0.329	−0.345
$\_cons$	控制	控制	控制
ζ_t	0.372*	0.461**	0.305
$F\text{-test sig.}$	0.000	0.000	0.000

注：*、**、***分别表示在 10%、5%、1%的显著性水平。

回归结果显示全行业样本中高管薪酬的回归系数为 0.372，与专利申请量显著正相关，说明提高高管薪酬可以提高企业研发投资效率；在

EFD 行业中，高管薪酬的系数为 0.461，高于全行业水平；IFD 行业中，高管薪酬的系数不显著，说明高管薪酬对研发投资效率的促进作用在外部融资依赖行业表现得更为明显。对于高管股权激励来说，全行业样本的回归系数与专利申请量显著正相关，表明提高股权激励可以显著提高企业的研发效率，且 EFD 行业高管股权激励的系数高于全行业样本，这表明高管股权激励对研发投资效率的促进作用在外部融资依赖行业表现更为明显。以上研究结论与前文分析一致。

7.6.9　研究结论

本部分从外部融资依赖的视角，以制造业上市公司为研究样本，探究了高管激励对企业研发投资的影响。研究发现，在制造业行业中，提高高管薪酬和股权激励都可以促进企业的研发投资，其中，国有企业的高管激励主要表现为高薪酬低股权的激励方式，其研发投入高于其他类型企业，国有企业仍是我国创新的主力军。通过样本匹配之后，进一步研究发现，激励措施的效果受到外部融资依赖程度的影响。具体来说，处于外部融资依赖行业的企业，提高高管薪酬以及股权激励对研发投资的数量和投资效率的促进效果要显著高于全行业样本。这说明，外部融资依赖越高的行业，高管激励对研发投资的促进作用越大。这是因为，对外部融资依赖的行业来说，提高高管薪酬和持股比例，向外部释放了改善公司治理的信号，提高了外部融资的可得性，同时外部监督也降低了企业的代理成本，提高了高管的研发积极性。在"信号传递"和"外部监督"两种机制的作用下，改善了外部融资依赖企业的融资环境，使企业更容易获得外部投资者的青睐，同时提高了企业研发投资的资源配置效率，促进了研发产出效率。

可见，在我国创新驱动发展的大背景下，提高高管激励是促进企业创新投资的有效途径，但考虑到高管薪酬激励和股权激励在不同的融资依赖行业发挥的效果不同，在制定高管激励措施时，要将外部融资依赖度作为重要的影响因素加以考虑，制定薪酬激励和股权激励相协调的复合激励措施，发挥更大的激励效果，才能有效提高企业的研发绩效。

7.7 本章小结

　　本章节在前文相关理论分析和文献研究的基础上，以高管薪酬激励对企业研发投资的影响为研究对象，从外部融资依赖的视角，对高管薪酬激励对企业研发投资的作用机制进行了理论分析，对高管薪酬激励对企业研发投资的影响效果进行了实证分析。

　　企业创新是推动企业发展和社会进步的动力。合理的高管薪酬设计是促进企业创新的重要举措。薪酬激励机制的合理设计对管理者的投资决策和资本结构的选择具有至关重要的影响。本章首先对中国 A 股上市公司高管薪酬与长期激励的概况进行了总结，发现高管薪酬的数额和形式在不同的行业和企业差距较大，且在薪酬设计上呈现出一些新趋势。

　　本章详细阐述了高管薪酬、外部融资依赖和企业创新之间的作用机制，即企业所有者通过合理的薪酬设计来鼓励高管做出与研发投资相关的战略选择，良好的公司治理能减少信息不对称，同时也是公司向资本市场传递的良好信号，外部投资者应更青睐于高管薪酬较高的外部融资依赖的企业。同时 EFD 行业的公司将受到更多外部投资者的监督，有助于提高高管的投资绩效。为了验证提出的假设，选取我国 A 股制造业上市企业 2009—2018 年数据，参考 RZ 两位学者的经典计算方法，计算出了制造业细分行业的外部融资依赖度。选取了高管货币薪酬和股权激励数量两个因变量指标，通过 PSM 方法对企业进行匹配以消除样本选择偏差，并利用固定效应模型对匹配样本进行了全行业、EFD 行业和 IFD 行业的回归分析。回归分析结果显示，高管薪酬与股权激励对企业研发支出均有正向影响，但是高管激励的效果在不同的外部融资依赖行业存在差异性。具体表现为外部融资依赖正向调节高管薪酬对研发支出的作用，而对股权激励则具有负向调节作用。研究结果表明，在外部融资依赖的行业中，薪酬激励对促进创新更有效，在内部融资依赖的行业中，股权激励效果更有效。在使用非匹配样本进行固定效应和层次回归等稳健性检验后，研究结果仍然稳健。针对该研究结果，分析了现有条件下中国股权激励方案还存在诸多不足，从外部监督和股权收益风险等方面分析了导致研究结果的潜在原因。

　　考虑到高管的持股数量是一个绝对指标，会受到企业在外发行股数的影响，于是在高管持股数量的基础上，本书进一步以高管持股比例作为高管股权激励的代表变量，探究其对企业研发投入的影响效果。首先，通过PSM 方法对企业进行匹配以消除样本选择偏差，并利用固定效应模型对匹配样本进行了全行业、EFD 行业和 IFD 行业的回归分析。研究结果发现，提高股权激励可以促进企业的研发投入，且外部融资依赖对高管股权激励与研发投资之间的关系具有正向调节作用。

　　对外部融资依赖企业来说，资本市场的"外部监督机制"将提高企业的资源配置效率，提高企业研发投资利用率。本章还进一步研究了外部融资依赖、高管激励和企业研发投资效率的关系。选择单位研发投资对应的企业专利申请量（Apply）作为研发投资效率的指标，利用固定效应模型进行了实证分析。研究结果表明，提高股权激励可以显著提高企业的研发效率，且高管股权激励对研发投资效率的促进作用在外部融资依赖行业表现得更为明显。

第 8 章　结论与建议

8.1　研究结论

　　本研究以外部融资依赖与企业创新的关系为主要研究对象，首先回顾了相关的理论，为后续的研究奠定了理论基础。对四个方面的研究文献进行了综述，分析了企业创新融资、政府研发补贴和高管激励对企业创新的影响，以及外部融资依赖对政府研发补贴和高管激励对企业创新影响的作用机制。

　　从现有的国内外文献来看，外部融资依赖的研究起源于国外，在中国起步较晚。本研究重点梳理了外部融资依赖研究的兴起、发展过程，以及后期延伸到创新研究领域的相关应用。通过学术脉络的梳理和分析，展现了外部融资依赖对创新影响的研究全景，为学术界提供了关于外部融资依赖的最完整最丰富的理论支撑。

　　在理论研究的基础上，提出了两个实证研究主题：一是政府研发补贴、外部融资依赖与企业创新，二是高管薪酬激励、外部融资依赖与企业创新。通过作用机制的分析，提出研究假设。以中国 A 股上市公司为研究样本，从国泰安数据库（CSMAS）、锐思数据库（RESSET）、中国国家统计局、中经网等收集数据，建立数据库，通过实证分析对研究假设进行验证。

　　本研究从外部融资依赖的角度研究政府研发补贴对企业创新活动的影响，尤其关注了中国新兴资本市场中的特殊性。该研究通过研究政府研发补贴对研发支出、专利申请数量和专利质量的差异性影响，检验并验证了政府补贴可以提高企业创新并不成比例地促进了外部融资依赖更多的行业企业创新的假设。作为发展中国家，实施创新发展战略是既定国策，是实现"中国制造 2025"的重要手段，因此，政府采取了多种措施支持企业创新，其中研发补贴是加速中国创新的重要措施之一。对于不同融资依赖行业的企业，它对企业创新有不同的影响。本研究提供的研究结果表明，在更多依赖外部融资的行业中，企业在获得政府研发补贴时会更多地投资于创新活动并实现更多的创新数量。

本研究提供了初步的证据，表明政府研发补贴可以通过"资助效应"和"认证效应"两种作用机制来缓解企业的外部融资压力。首先，"资助效应"是政府研发补贴对企业创新的直接资本支持，而"认证效应"则是通过减少企业与外部资本市场的信息不对称来帮助企业获得更多的外部融资。同时，本研究还为现阶段中国资本市场存在融资摩擦提供了间接证据。正是因为政府研发补贴对外部融资依赖较多的行业创新活动不成比例地促进，进一步说明企业创新融资摩擦在中国资本市场普遍存在。

不同行业、不同外部融资依赖水平的企业，政府研发补贴的作用机制不同。在不完善的资本市场，外部融资数额越多，企业面临的融资成本越高，融资约束越大。因此，在中国，外部融资依赖程度不仅反映了对外部资本的需求，还反映了企业面临融资约束的程度。本研究还通过分组回归具体探讨了在不同的外部融资依赖水平下，政府补贴对研发投资的不同作用机制和影响效果。对于外部融资依赖行业的企业，"认证效应"在促进创新方面发挥着一贯的积极作用。然而，政府研发补贴的"资助效应"在过度依赖外部融资的行业中，对企业研发投资具有"挤出效应"。

高管激励对中国企业创新具有积极的公司治理作用。高薪酬激励使高管与股东的利益保持一致，并提高了他们的投资风险偏好。理论上推断，可以通过提高高管薪酬激励来促进高管们的研发投资决策。本研究的实证分析也表明，高管货币薪酬和管理层股权激励均对研发支出产生了积极影响。

本研究检验并验证了以下假设：高管货币薪酬可能会不成比例地激励外部融资依赖行业的企业进行研发投资。高管薪酬的影响在对外部资本有不同需求的公司之间是不同的。研究结果表明，高管薪酬对 EFD 行业的公司的研发投入促进作用更大，外部融资依赖的这种正向调节作用可以解释为企业因为外部融资需求而改善公司治理，以及在外部投资者的监督之下，降低了委托代理成本，增加了研发投资。

比起货币性薪酬来说，高管股权激励对促进 IFD 行业企业的研发投资更为有效。其根本原因可以归因于中国资本市场的特殊性。这种促进效果也取决于管理者的风险规避和潜在的投资策略。因为不完善的融资环境对依赖外部融资的企业影响较大，使得股价波动较大，这不利于持股经理人财富的稳定。

为了进一步研究股权激励对企业研发投资的作用效果，本书进一步以高管持股比例作为高管股权激励的代表变量，探究其对企业研发投资支出的影响效果。研究发现，提高股权激励可以促进企业的研发投入，且外部融资依赖对高管股权激励与研发投资之间的关系具有正向调节作用。这与之前的高管持股数量对研发投资的作用效果是不同的。研发投资的效率也是衡量企业创新的重要方面。本书进一步研究了外部融资依赖、高管激励和企业研发投资效率的关系。研究发现，提高股权激励可以显著提高企业的研发效率，且高管股权激励对研发投资效率的促进作用在外部融资依赖行业表现得更为明显。

考虑到实证结果的偶然性和不稳定性，以上两个方面的实证研究结果都通过了多种方法的稳健性检验，保证了研究结果的可靠性。

综上，为了清晰展示本书的全部研究成果，对前文得出的相关结论进行了总结梳理，如表 8-1 所示。

表 8-1　本书研究结论汇总

	研究结论
关于外部融资依赖	因为政府研发补贴对外部融资依赖较多的行业创新活动不成比例的促进，进一步说明企业创新融资摩擦在中国资本市场普遍存在
	由于企业自身的外部融资需求和投资者的外部监管，外部融资依赖可以对政府研发补贴和高管激励对研发活动的影响具有调节作用
关于政府研发补贴	政府研发补贴可以提高企业在研发投入、专利数量和专利质量方面的创新，对外部融资依赖程度较高的行业企业的创新活动具有更大的激励作用
	政府研发补贴可以通过"资助效应"和"认证效应"缓解企业融资约束，一方面是对企业创新的直接资助，另一方面是减少外部融资依赖企业与资本市场之间的信息不对称
	对于 EFD 行业的企业，认证机制在促进创新方面发挥着一贯的积极作用。然而，政府补贴的"资助效应"对过度依赖外部融资行业的企业研发投资具有"挤出效应"

（续）

研究结论	
关于高管货币性薪酬	提高高管货币薪酬可以促进研发投资，这种促进作用在 EFD 行业的公司中更有效。说明 EFD 行业对高管货币薪酬和研发投资的关系具有正向调节作用，这是因为企业自身的外部融资需求和投资者的外部监督降低了代理成本
	提高高管货币薪酬可以促进研发投资效率（专利申请数量），这种促进作用在 EFD 行业的公司中更有效。说明外部融资依赖对高管货币性薪酬和研发投资效率的关系具有正向调节作用，这是因为投资者的外部监督降低了外部融资依赖企业的代理成本
关于高管股权激励	提高高管的持股数量可以提高研发投入，这种激励方式对 IFD 行业企业更有效。说明外部融资依赖对高管持股数量和研发投入的关系具有负向调节作用
	提高高管的持股比例可以提高研发投入，这种激励方式对 EFD 行业企业更有效。说明 EFD 行业对高管持股比例和研发投入的关系具有正向调节作用
	提高高管的持股比例可以促进研发投资效率（单位投入的专利申请数量），这种促进作用在 EFD 行业的公司中更有效。说明外部融资依赖对高管货币性薪酬和研发投资效率的关系具有正向调节作用，这是由于投资者的外部监督降低了外部融资依赖企业的代理成本

8.2　政策建议

根据以上研究结论，本研究提出了一些相关的政策建议，以提高政府补贴和高管激励对企业创新的有效性。具体如下：

中国政府应继续开展对企业的研发补贴项目，特别是对 EFD 行业的企业进行研发补贴。考虑到提高研发补贴的有效性，政策制定者应更倾向于补贴"交通""信息传输""软件和信息技术服务""电力""科研和技术服务"和"制造业"等行业的企业。然而，政府更应该警惕研发补贴对过度依赖外部融资行业的企业研发投资的挤出效应。政府要注重对被补助企业创新产出数量和质量的考核，以保证政府研发支出切实促进了中国企业的创新水平。

上市公司可以通过提高高管薪酬激励来促进创新投资。尤其是对外部融资依赖行业的公司，通过提高高管货币薪酬激励和高管股权比例，对企业创新活动的促进作用更有效。因此，企业所有者在制定高管激励政策时，应考虑企业的外部融资依赖程度，兼顾短期薪酬和长期激励的不同激励效果。在设计高管薪酬合同时，应调整短期薪酬与长期激励薪酬的比例，实现管理者短期和长期努力的平衡，提高管理者的风险承担能力，激发高管对创新活动的积极性。

参考文献

REFERENCES

安苑，王珺．2014.地方政府财政行为周期性、产业成长与结构失衡——基于产业外部融资依赖度的分析 [J]. 财经研究（11）：29 - 43.

陈晓珊．2017.上市公司负债融资的相机治理作用研究—基于高管薪酬—业绩敏感性视角 [J]. 税务与经济（6）：25 - 32.

陈洋林，储德银，张长全．2019.战略性新兴产业财政补贴的激励效应研究 [J]. 财经论丛（5）：33 - 41.

程华．2000.外部性、技术创新与政府作用 [J]. 经济问题探索（8）：67 - 69.

戴治勇，贾小兵．2008.破产法研究综述 [J]. 光华法学（12）：35 - 45.

丁莹莹，胡钰，赵俊珠．2022.战略性高技术产业带动国家工业发展的路径探索与案例研究 [M]. 北京：中国经济出版社，165 - 166.

董英飞．2011.我国中小超贫矿山企业融资发展模式研究 [D]. 北京：北京交通大学.

樊利，李忠鹏．2020.政府补贴促进制造业企业研发投入了吗？——基于资本结构的门槛效应研究 [J]. 经济体制改革（2）：112 - 119.

付滢．2020.医疗保险对我国家庭金融资产配置的影响研究 [D]. 北京：对外经济贸易大学.

付政瑜．2020.融资约束、政府补贴对高技术企业研发投入影响的研究 [D]. 呼和浩特：内蒙古大学.

高艳慧，万迪昉，蔡地．2012.政府研发补贴具有信号传递作用吗？——基于我国高技术产业面板数据的分析 [J]. 科学学与科学技术管理（1）：5 - 11.

郭玥．2018. 政府创新补助的信号传递机制与企业创新 [J]. 中国工业经济（9）：98 - 116.

韩林静．2014.高管股权激励与企业绩效的相关性研究 [J]. 南阳理工学院学报，6（4）：30 - 36.

韩亚峰，樊秀峰，周文博．2015.R&D 投入、技术外溢对高新技术企业研发绩效的影响——基于知识资本积累模型 [J]. 财经论丛（8）：81 - 88.

何的明．2015. 南翔集团商贸物流城融资渠道创新研究 [D]. 合肥：安徽大学.

何思源 . 2009. 重组后锦州联通薪酬体系研究 [D]. 北京：北京邮电大学 .

胡慧芳，欧忠辉，唐彤彤 . 2022. 财税政策对企业研发的影响实效——以战略性新兴产业为经验证据 [J]. 东南学术 (5)：141－152.

胡茂刚 . 2001. 中国经理层股票期权激励实践的若干法律问题 [J]. 公司法律评论：35－36.

胡蓉 . 2021. 高新技术企业认定、创新策略选择与企业价值 [D]. 昆明：云南财经大学 .

胡义东，仲伟俊 . 2011. 高新技术企业技术创新绩效影响因素的实证研究 [J]. 中国科技论坛 (4)：80－85.

黄鑫 . 2022. 我国持续保持第一制造大国地位 [N]. 经济日报，07－27.

姜雪 . 2020. 代际支持对老年人医疗服务利用的影响 [D]. 长春：东北财经大学 .

解维敏，唐清泉，陆姗姗 . 2009. 政府 R&D 资助，企业 R&D 支出与自主创新——来自中国上市公司的经验证据 . 金融研究 (6)：86－99.

黎文靖，郑曼妮 . 2016. 实质性创新还是策略性创新？——宏观产业政策对微观企业创新的影响 . 经济研究 (4)：60－73.

李连燕，张东廷 . 2017. 高新技术企业智力资本价值创造效率的影响因素分析——基于研发投入、行业竞争与内部现金流的角度 [J]. 数量经济技术经济研究，34 (5)：55－71.

李晓龙，冉光和，郑威 . 2017. 金融要素扭曲如何影响企业创新投资——基于融资约束的视角 . 国际金融研究 (12)：25－35.

李震巍 . 2019. 基于跳回归的股票配对交易策略的设计 [D]. 上海：上海师范大学 .

廖相永 . 2013. 深圳市 SKR 公司创业融资研究 [D]. 广州：广东工业大学 .

凌廷友，王甫 . 2003. 权衡理论和优序融资理论之比较 [J]. 财会月刊 (6)：48－49.

刘松 . 2014. 集体土地房屋拆迁信息公开的实践路径探讨 [J]. 中国集体经济 (7)：22－23.

刘素荣，公敏 . 2021. 融资约束下高管激励机制与中小企业研发投资行为——基于货币薪酬、股权激励的对比视角 [J]. 中国石油大学学报（社会科学版）(1)：70－77.

逯东，林高，杨丹 . 2012. 政府补贴、研发支出与市场价值——来自创业板高新技术企业的经验证据 [J]. 金融研究 (9)：67－81.

栾强，罗守贵 . 2018. "营改增"激励了企业创新吗？[J]. 经济管理与研究 (2)：87－95.

吕岩，曹泽玲 . 2022. 面向"制造强国"的先进制造业人才培养探析 [J]. 湖南大众传媒职业技术学院学报 (2)：98－101.

马文聪，许恒，陈修德 . 2022. 政府研发补贴、高管团队职能背景多样性与企业研发投入 [J]. 科技管理研究 (12)：125－135.

莫冬燕，赵敏 . 2020. 数字金融对上市公司投资行为的影响研究 [J]. 东北财经大学学报

（6）：86－95.

裴昱．2022.制造业迈向价值链中高端，中国强化关键核心技术攻关［N］.中国经营报，
    08－01.

彭留英，张洪兴．2008.“市场失灵”、“政府失灵”与民营科技企业创新服务体系［J］.
    山东理工大学学报（社会科学版），24（3）：24－27.

齐托托，赵宇翔，汤健，王天梅．2022.在线评论对知识付费产品购买决策的影响研
    究——卖家回复的调节作用［J］.南开管理评论（2）：147－158.

邱静，刘芳梅．2016.货币政策、外部融资依赖与企业业绩［J］.财经理论与实践（37）：
    31－37.

邱洋冬．2022.知识产权质押融资能否激励企业创新？——基于专利数量与质量的分析
    ［J］.哈尔滨商业大学学报（社会科学版）（3）：19－34.

人民网．回顾十八大以来习近平关于科技创新的精彩话语［EB/OL］.http：//
    cpc.people.co.2016.5.31.

盛丹，王永进．2010.地方政府周期性财政收支、融资依赖与地区出口结构．金融研究
    （11）：1－18.

宋紫微．2021.从“意愿”到“行动”：我国非正规创业正规化转型机制研究［D］.吉首：
    吉首大学.

苏坤．2015.管理层股权激励、风险承担与资本配置效率［J］.管理科学（3）：14－25.

孙翠萍，费聿珉．2022.外部融资依赖、政府研发补助和企业创新［J］.财会研究（4）：
    11－16.

孙翠萍，费聿珉．2022.外部融资依赖下高管激励与研发投资的关系［J］.金融理论探索
    （4）：64－71.

童馨乐，杨璨，WangJinmin.2022.政府研发补贴与企业创新投入：数量激励抑或质量导
    向［J］.宏观质量研究（1）：27－45.

王兰芳，胡悦．2017.创业投资促进了创新绩效吗？——基于中国企业面板数据的实证检
    验［J］.金融研究（1）：177－190.

王楠，苏杰，黄静．2017.CEO权力异质性视角下政府资助对创业板企业研发投入的影响
    研究［J］.管理学报，14（8）：1199－1207.

王珀，辛建生，薛培芹．2021.基于未来现金流的企业财务价值衡量体系［J］.商业文化
    （33）：86－87.

王旭，褚旭．2019.基于企业规模门槛效应的外部融资对绿色创新影响研究．系统工程理
    论与实践，39（8）：2027－2037.

王宇，李海洋．2017.管理学研究中的内生性问题及修正方法［J］.管理学季刊（3）：
    20－47，170－171.

吴小满 . 2018. 机构投资者、高管薪酬粘性与企业研发投资行为 ［D］. 广州：华南理工
　　大学 .

向柑霖 . 2021. 金融服务业开放与制造业出口技术复杂度提升 ［D］. 天津：天津财经
　　大学 .

肖莉 . 2011. 非预期收益对个人行为参照点变动的影响 ［D］. 成都：西南交通大学 .

肖文，林高榜 . 2014. 政府支持、研发管理与技术创新效率——基于中国工业行业的实证
　　分析 ［J］. 管理世界（4）：71 - 80.

肖韵 . 2011. 中国民营上市公司融资结构分析 ［J］. 企业研究（12）：119 - 121.

徐博 . 2021. 中间品关税减让对制造业全球价值链与创新价值链的影响：机制与路径
　　［D］. 上海：华东师范大学 .

徐晨阳 . 2018. 中国各省份专利质量、专利效率及对经济增长影响的研究 ［D］. 青岛：青
　　岛科技大学 .

徐欣 . 2013. 高管薪酬激励与企业绩效的相关性分析 ［J］. 商（17）：72.

许国艺，史水，杨德伟 . 2014. 政府研发补贴的政策促进效应研究 ［J］. 软科学，28（9）：
　　30 - 34.

薛海燕，张信东，隋静 . 2020. 资本市场、融资依赖与企业创新投资——来自新三板与创
　　业板的证据 ［J］. 经济问题（5）：71 - 78.

薛乔，李刚 . 2015. 创业板公司研发投入对财务绩效的影响——高管激励的调节效应 ［J］.
　　财会月刊（32）：123 - 128.

严学锋 . 2018. 中国上市公司高管薪酬新趋势 ［J］. 董事会（12）：108 - 109.

杨芷，李亚杰 . 2021. 辽宁高技术产业技术创新财政政策研究 ［J］. 地方财政研究（7）：
　　68 - 76.

于姣姣 . 2020. 财政科技补贴对高新技术企业研发投入的影响研究 ［D］. 昆明：云南财经
　　大学 .

张欢 . 2010. 基于股权融资视角的上市公司融资效率分析 ［D］. 洛阳：河南科技大学 .

张小红，逯宇铎 . 2014. 政府补贴对企业研发投资影响的实证研究 ［J］. 科技管理研究
　　（15）：204 - 209.

张渝 . 2019. 绿色学习导向对企业绿色技术创新行为的影响研究 ［D］. 西安：西北工业
　　大学 .

张远远 . 2019. 风险投资、政府资助和银行贷款对小微企业创新活动的影响研究 ［D］. 济
　　南：山东大学 .

赵超 . 2018. 投资者视角下上市公司战略联盟的价值创造效应研究 ［D］. 哈尔滨：哈尔滨
　　工业大学 .

郑梓茵，宋生瑛，何晴 . 2021. 研发补贴对企业自主创新的影响研究 ［J］. 上海立信会计

金融学院学报（2）：108 - 119.

Acharya，V. V.，& Xu，Z. 2017. Financial dependence and innovation：The case of public versus private firms [J]. Journal of Financial Economics，124（2）：223 - 243.

Acharya，Viral，Ramin Baghai，and Krishnamurthy Subramanian. 2014. Wrongful discharge laws and innovation [J]. Review of Financial Studies（27）：301 - 346.

Aghion，P.，Askenazy，P.，Berman，N. et al. 2012. Credit constraints and the cyclicality of R&D investment：Evidence from France [J]. Journal of the European Economic Asociation（5）：1001 - 1024.

Aghion，P.，Reenen，J. V.，& Zingales L. 2013. Innovation and institutional ownership [J]. Cepr Discussion Papers（103）：277 - 304.

Ahn，J. M.，Lee，W. & Mortara，L. 2020. Do government R&D subsidies stimulate collaboration initiatives in private firms? [J]. Technological Forecasting & Social Change（151）：119840.

Andersen，T. B. &Tarp，F. 2003. Financial liberalization，financial development and economic growth in LDCs [J]. Journal of International Development（2）：189 - 209.

Ayyagari，M.，Demirgüç-Kunt，A.，& Maksimovic，V. 2011. Firm innovation in emerging markets：The role of finance，governance，and competition [J]. Journal of Financial and Quantitative Analysis（6）：1545 - 1580.

Balachandran，B.，& Faff R. 2015. Corporate governance，firm value and risk：past，present，and future [J]. Pacific-Basin Finance Journal（35）：1 - 12.

Bayar，O.，Chemmanur，T. J.，& Liu M. H. 2018. How to motivate fundamental innovation：subsidies versus prizes and the role of venture capital [J]. Social Science Electronic Publishing.

Beck，T.，Demirguc-Kunt，A.，Laeven，L.，and Maksimovic，V. 2006. The determinants of financing obstacles [J]. Journal of International Money and Finance（6）：932 - 952.

Berger，N & Udell，F. 1998. The Economics Of Small Business Finance The Roles of Private Equity and Debt Markets in the Financial Growth Cycle [J]. Journal of Banking and Finance（22）.

Biggerstaff，L.，Blank，B.，& Goldie B. 2019. Do incentives work? Option-based compensation and corporate innovation [J]. Journal of Corporate Finance（58）：415 - 430.

Booth，L.，Ntantamis，C.，& Zhou，J. 2015. Financial constraints，R&D investment，and the value of cash holdings [J]. Quarterly Journal of Finance（2）：22 - 34.

Bose，U.，Mallick，S.，& Oukas，S. 2020. Does easing access to foreign financing matter for firm performance? [J]. Journal of Corporate Finance，64（12）.

Brick, I. E., Palmon, O., & Wald, J. K. 2006. CEO compensation, director compensation, and firm performance: evidence of cronyism? [J]. Journal of corporate finance (3): 403 – 423.

Brown, J. R., Fazzari, S. M., & Petersen B. C. 2009. Financing innovation and growth: cash flow, external equity, and the 1990s R&D boom [J]. Journal of Finance (1): 151 – 185.

Brown, J. R., Martinsson, G., & Petersen B. C. 2012. Do financing constraints matter for R&D? [J]. European Economic Review (8): 1512 – 1529.

Busom, I. 2000. An empirical evaluation of the effects of R&D subsidies [J]. Economics of Innovation & New Technology (2): 111 – 148.

Carter, B. 2005. R&D investment and internal finance: the cash flow effect [J]. Economics of Innovation and New Technology (3): 213 – 223.

Cetorelli, N. & Strahan, P. E. 2006. Finance as a barrier to entry: Bank competition and industry structure in local US markets [J]. Journal of Finance (1): 437 – 461.

Chemmanur, T. J., Loutskina, E., & Tian, X. 2011. Corporate venture capital, value creation, and innovation [J]. Social Science Electronic Publishing (27): 2434 – 2473.

Chen, J., Goergen, M., Leung, W. S., & Song, W. 2019. CEO and director compensation, CEO turnover and institutional investors: Is there cronyism in the UK? [J]. Journal of Banking & Finance (103): 18 – 35.

Chen, L., Chen, Y., Yang, S. 2017. Managerial incentives and R&D investments: The moderating effect of the directors' and officers' liability insurance [J]. The North American Journal of Economics and Finance (39): 210 – 222.

Chen, M. & Matousek, R. 2020. Do productive firms get external finance? Evidence from Chinese listed manufacturing firms [J]. International Review of Financial Analysis (67): 101422.

Chen, W., Chung, H., Hsu, T., & Wu, S. 2010. External financing needs, Corporate governance, and firm value [J]. Corporate Governance: An International Review (3): 234 – 249.

Chung, K. H., Jo, H.. 1996. The impact of security analysts' monitoring and marketing functions on the market value of firms [J]. Journal of Financial and Quantitative Analysis, 31 (4): 493 – 512.

Cin B C, Kim Y J, Vonortas N S. 2017. The Impact of Public R&D Subsidy on Small Firm Productivity: Evidence from Korean SMEs [J]. Small Business Economics, 48 (2): 345 – 360.

Claessens, S. , & Laeven, L. 2005. Financial dependence, banking sector competition, and economic Growth [J]. Journal of the European Economic Association (1): 179 – 207.

Cooley, T. F. & Quadrini, V. 2001. Financial markets and firm dynamics [J]. American Economic Review (5): 1286 – 1310.

Czarnitzki, D. , & Lopes-Bento, C. 2014. Innovation subsidies: does the funding source matter for innovation intensity and performance? [J] Industry and Innovation (5): 380 – 409.

David, P. A. , Hall, B. H. , & Toole, A. A. 2000. Is public R&D a complement or substitute for private R&D? [J]. A review of the econometric evidence. Research Policy (4 – 5): 497 – 529.

Demirguf-Kunt, Asli and Maksimovic, Vojislav. 1996. Financial Constraints, Uses of Funds and Firm Growth: An InternationalComparison [R]. Workingpaper, World Bank.

Duguet E. 2004. Are R&D subsidies a substitute or a complement to privately funded R&D [J]. Revue Economic Politique (2): 245 – 271.

Edmans, A. , Fang, V. W. , & Lewellen, K. A. 2017. Equity Vesting and Investment [J]. The Review of Financial Studies (2): 2230 – 2271.

Faleye, O. , Hoitash, R. , & Hoitash, U. 2011. The costs of intense board monitoring [J]. Journal of Financial Economics (1): 160 – 181.

Fazzari, S. M. , Hubbard, R. G. , Petersen, B. C. , Blinder, A. S. , & Poterba, J. M. 1988. Financing constraints and corporate investment [J]. Brookings Papers on Economic Activity (1): 141 – 206.

Feldman, Maryann P, Maryellen R, Kelley. 2006. The exante assessment of knowledge spillovers: govenment R&D policy, economic incentives and private firm behavior [J]. Research Policy, 35 (10): 1509 – 1521.

Ferreira, D. , Manso, G. , & Silva, A. C. 2014. Incentives to innovate and the decision to go public or private [J]. Review of Financial Studies (1): 256 – 300.

Fu, X. 2012. How does openness affect the importance of incentives for innovation? [J]. Research Policy (3): 512 – 523.

Goldsmith, Raymond, W. 1969. Financial structure and development [M]. New Haven, CT: Yale.

Gormley, T. A. , & Matsa, D. A. 2016. Playing it safe? Managerial preferences, risk, and agency conflicts [J]. Journal of Financial Economics (3): 431 – 445.

Gormley, T. A. , Matsa, D. A. , & Milbourn, T. 2013. CEO compensation and corporate risk：Evidence from a natural experiment ［J］. Journal of Accounting and Economics (2 – 3)：79 – 101.

Gorodnichenko，Y. ，& Schnitzer，M. 2013. Financial constraints and innovation：why poor countries don't catch up ［J］. Journal of the European Economic Association (11)：1115 – 1152.

Guan J C，Yamr C M. 2015. Effects of government financial incentives on firms' innovation performance in China：Evidences from Beijing in the 1990s ［J］. Research Policy (1)：273.

Guan，J. ，& Pang，L. 2017. Industry specific effects on innovation performance in China ［J］. China Economics Review (44)：125 – 137.

Hall，B. H. 2002. The finance of research and development ［J］. Oxford Review of Economic Policy (18)：35 – 51.

Hall，B. H. ，& Harhoff，D. 2012. Recent research on the economics of patents ［J］. Annual Review of Economics (1)：541 – 565.

He，J. ，& Tian，X. 2018. Finance and corporate innovation：A survey ［J］. Asia – pacific Journal of Financial Studies (2)：165 – 212.

Holmstrom，B. 1989. Agency costs and innovation ［J］. Journal of Economic Behavior & Organization (3)：305 – 327.

Hoskisson，R. E. ，Castleton，M. W. ，& Withers，M. C. 2009. Complementarity in monitoring and bonding：More intense monitoring leads to higher executive compensation ［J］. Academy of Management Perspectives (2)：57 – 74.

Hoskisson，R. E. ，Chirico，F. ，Zyung，J. ，& Gambeta，E. 2016. Managerial Risk Taking ［J］. Journal of Management (1)：137 – 169.

Hottenrott，H. ，Hall，B. H. ，& Czarnitzki，D. 2015. Patents as quality signals? The implications for financing constraints on R&D ［J］. Economics of Innovation and New Technology (3)：197 – 217.

Howell，S. T. 2017. Financing innovation：evidence from R&D grants ［J］. American Economic Review (4)：1136 – 1164.

Hsu，P. H. ，Tian X. ，& Xu Y. 2014. Financial development and innovation：Cross-country evidence ［J］. Journal of Financial Economics (1)：116 – 135.

Hussinger，K. 2008. R&D and subsidies at the firm level：An application of parametric and semiparametric two-step selection models ［J］. Journal of Applied Econometrics (6)：729 – 747.

Hyytinen，A. ，& Toivanen，O. 2005. Do financial constraints hold back innovation and growth? Evidence on the role of public policy [J]. Research Policy (9): 1385 – 1403.

Jensen, M. C. 1993, The modern industrial revolution, exit, and the failure of internal control systems [J]. Journal of Finance (48): 831 – 880.

Jia, N., Huang, K. G., & Zhang, C. M. 2019. Public governance, corporate governance, and firm innovation: An examination of state-owned enterprises [J]. Academy of Management Journal (1): 220 – 247.

Ju, N., Leland, H., & Senbet, L. 2014. Options, option repricing in managerial compensation: Their effects on corporate investment risk [J]. Journal of Corporate Finance (6): 628 – 643.

Kanapathippillai, S., Gul, F., Mihret, D., & Muttakin, M. B. 2019. Compensation committees, CEO pay and firm performance [J]. Pacific-Basin Finance Journal (57): 101187.

Kang, S., Kumar, P., & Lee, H. 2006. Agency and Corporate Investment: The Role of Executive Compensation and Corporate Governance [J]. The Journal of Business (3): 1127 – 1147.

Kaplan, N. S. & Zingales, L. 2000. Investment-cash flow sensitivities are not valid measures of financing constraints [J]. Quarterly Journal of Economics (2): 707 – 712.

Kempf, A., Ruenzi, S., & Tanja, T. 2009. Employment risk, compensation incentives, and managerial risk taking [J]. Journal of Financial Economics (1): 92 – 108.

Khan, M. K., He, Y., Akram, U., & Sarwar, S. 2017. Financing and monitoring in an emerging economy: Can investment efficiency be increased? [J]. China Economic Review (45): 62 – 77.

Kim, E. H., & Lu, Y. 2011. CEO ownership, external governance, and risk-taking [J]. Journal of Financial Economics (2): 272 – 292.

Kim, S., Lee, H. & Kim, J. 2016. Divergent effects of external financing on technology innovation activity: Korean evidence [J]. Technological Forecasting & Social Change (106): 22 – 30.

King, Robert G. and Levine, Ross. 1993. Finance and Growth: Schumpeter Might Be Right [J]. Quarterly Journal of Economics (3): 713 – 37.

Klette. 2000. Do subsidies to Commercial R&D reduce market failures? [J]. Micro-econo metric evaluation studies [J]. Research Policy (4 – 5): 471 – 475.

Kortum, S., & Lerner, J. 2000. Assessing the contribution of venture capital to innovation [J]. The Rand Journal of Economics (4): 674 – 692.

Kou, M., Yang, Y. & Chen, K. 2020. The impact of external R&D financing on innovation process from a supply-demand perspective [J]. Economic Modelling (92).

Le, S. A., Walters, B., & Kroll, M. 2006. The moderating effects of external monitors on the relationship between R&D spending and firm performance [J]. Journal of Business Research (2): 278 – 287.

Le, T., & Jaffe, A. B. 2017. The impact of R&D subsidy on innovation: evidence from New Zealand firms. Economics of Innovation and New Technology, 26 (5), 429 – 452.

Levine, O., & Warusawitharana, M. 2019. Finance and productivity growth: Firm-level evidence [J]. Journal of Monetary Economics, 117 (c): 91 – 107.

Levine, Rossand Zervos, Sara. 1998. Stock Markets and Economic Growth [J]. American Economic Review, 88 (3): 537 – 58.

Lewellen, W. G. & Huntsman, B. 1970. Managerial pay and corporate performance [J]. American Economic Review (60): 710 – 720.

Liang, Y., & Wang, Q. 2017. Anti-Corruption, Government Subsidies and Corporate Innovation Investment-Based on the Perspective of Rent-Seeking Theory [J]. Chinese Studies (6): 44 – 54.

Lin, B., & Luan, R. 2020. Are government subsidies effective in improving innovation efficiency? Based on the research of China's wind power industry [J]. Science of The Total Environment (715): 136339.

Lin, C., Lin, P., Song, F. M., & Li, C. 2011. Managerial incentives, CEO characteristics and corporate innovation in China's private sector [J]. Journal of Comparative Economics (2): 176 – 190.

Liu, G., Zhang, X., Zhang W., & Wang, D. 2019. The impact of government subsidies on the capacity utilization of zombie firms [J]. Economic Modelling (83): 51 – 64.

Lu, J., & Wang, W. 2018. Managerial conservatism, board independence and corporate innovation [J]. Journal of Corporate Finance (48): 1 – 16.

Luong, L. H., Moshirian, F., Nguyen, H. G., Tian, X., & Zhang, B. 2017. Do foreign institutional investors enhance firm innovation? [J]. Journal of Financial & Quantitative Analysis (52): 1 – 42.

Mairesse, J., & Mohnen, P. 2010. Using innovation surveys for econometric analysis [J]. Handbook of the Economics of Innovation (2): 1129 – 1155.

Mann, W. 2018. Creditor rights and innovation: Evidence from patent collateral [J]. Journal of Financial Economics (1): 25 – 47.

Manso, G. 2011. Motivating innovation [J]. Journal of Finance (66): 1823 – 1860.

Mao, C. X., & Zhang C. 2018. Managerial Risk-Taking Incentive and Firm Innovation:

Evidence from FAS 123R [J]. Journal of Financial and Quantitative Analysis (2): 867 – 898.

Mateut, S. 2017. Subsidies, financial constraints and firm innovative activities in emerging economies [J]. Small Business Economics (1): 131 – 162.

Mirzaei, A. , & Grosse, R. 2019. The interaction of quantity and quality of finance: Did it make industries more resilient to the recent global financial crisis? [J]. International Review of Economics and Finance (64): 493 – 512.

Mukherjee, A. , Singh, M. , & Žaldokas, A. 2017. Do corporate taxes hinder innovation? [J]. Journal of Financial Economics (1): 195 – 221.

Nola Hewitt Dundas. 2010. Output Additionality of Public Support for Innovation: Evidence for Irish Manufacturing Plants [J]. European Planning Studies (1): 107 – 122.

Oliviero A C. 2011. R&D subsidies and private R&D expenditures: evidence form Italian manufacturing data [J]. International Review of Applied Economics, 25 (4): 419 – 439.

Onishi, K. 2013. The effects of compensation plans for employee inventions on R&D productivity: New evidence from Japanese panel data [J]. Research Policy (2): 367 – 378.

Raithatha, M. , & Komera, S. 2016. Executive compensation and firm performance: Evidence from Indian firms [J]. IIMB Management Review (3): 160 – 169.

Rajan, R. G. , & Zingales, L. 1998. Financial dependence and growth [J]. The American Economic Review (3): 559 – 586.

Raviva, A. , Elif, S. C. 2013. Executive compensation, risk taking and the state of the economy [J]. Journal of Financial Stability (1): 56 – 68.

Robinson, J. 1952. The Rate of Interest and Other Essays [M]. London: Macmillan.

Rodrigues, R. , Samagaio, A. , & Felicio, T. 2020. Corporate governance and R&D investment by European listed companies [J]. Journal of Business Research (115): 289 – 295.

Schumpeter, J. A. 1911. Theory of Economic Development [M]. Cambridge: Harvard University Press.

Scott, L. F. , & Braun, M. 2009. Managerial risk, innovation, and organizational decline [J]. Journal of Management (2): 258 – 281.

Seo, K. , & Soh, J. 2019. Asset-light business model: An examination of investment-cash flow sensitivities and return on invested capital [J]. International Journal of Hospitality Management (78): 169 – 178.

Sheikh, S. 2012. Do CEO compensation incentives affect firm innovation? [J]. Review of

Accounting and Finance (4): 4 - 39.

Shleifer, A., &. Vishny, R. W. 1994. Politicians and Firms [J]. Quarterly Journal of Economics (109): 995 - 1025.

Silva, F., &. Carreira, C. 2012. Do financial constraints threat the innovation process? Evidence from Portuguese firms [J]. Economics of Innovation &. New Technology (8): 701 - 736.

Staw, B. M., Sandelands, L. E., &. Dutton, J. E. 1981. Threat-rigidity effects in organizational behavior: A multilevel analysis [J]. Administrative Science Quarterly (4): 501 - 524.

Stuart L. Gillan. 2006. Recent Developments in Corporate Governance: An Overview [J]. Journal of Corporate Finance (3): 381 - 402.

Tavassoli, S. 2015. Innovation determinants over industry life cycle [J]. Technological Forecasting and Social Change (91): 18 - 32.

Tsao, S., Lin, C., &. Chen, V. Y. 2015. Family ownership as a moderator between R&D investments and CEO compensation [J]. Journal of Business Research (3): 599 - 606.

Von Furstenberg, G. M. 2004. The contribution of rapid financial development to asymmetric growth of manufacturing industries: Common claims versus evidence from Poland [J]. Journal of Economic Asymmetries (2): 87 - 120.

Wallsten S J. 2000. The effects of government industry R&D programs on private R&D: The case of the small business innovation research program [J]. RAND Journal of Economics (1): 82 - 100.

Wang, T., &.Thornhill, S. 2010. R&D investment and financing choices: A comprehensive perspective [J]. Research Policy (9): 1148 - 1159.

Wellalage, N. H., &. Ferdnandez, V. 2019. Innovation and SME finance: Evidence from developing countries [J]. International Review of Financial Analysis (66): 1 - 14.

Wright, P., &. Kroll, M. 2002. Executive Discretion and Corporate Performance as Determinants of CEO Compensation, Contingent on External Monitoring Activities [J]. Journal of Management and Governance (6): 189 - 214.

Wright, P., Kroll, M. &. Elenkov, D. 2002. Acquisition returns increase in firm size and chief executive officer compensation: the moderating role of monitoring [J]. Academy of Management Journal (3): 599 - 608.

Wu, A. 2017. The signal effect of Government R&D Subsidies in China: Does ownership matter? [J]. Technological Forecasting &. Social Change (117): 339 - 345.

Wu, T., Yang, S. &. Tan, J. 2020. Impacts of government R&D subsidies on venture capital and renewable energy investment-an empirical study in China [J]. Resources Policy (68): 101715.

Xiao, S. , & Zhao, S. 2012. Financial development, government ownership of banks and firm innovation [J]. Journal of International Money and Finance (31): 880 – 906.

Ying, H. , & Jing, L. 2014. The Impact of Government Intervention on Corporate Investment Allocation and Efficiency: Evidence from China [J]. Financial Management (4): 71 – 80.

Zhang, D. , Tong, Z. , & Freeman, R. B. 2020. Firm dynamics of hi-tech start-ups: Does innovation matter? [J]. China Economic Review (59): 101370.

Zhao, S. , Xu, B. , & Zhang, W. 2018. Government R&D subsidy policy in China: An empirical examination of effect, priority, and specifics [J]. Technological Forecasting & Social Change (135): 75 – 82.

Zhu, J. , Tse, C. H. , & Li, X. 2019. Unfolding China's state-owned corporate empires and mitigating agency hazards: Effects of foreign investments and innovativeness [J]. Journal of World Business (3): 191 – 212.

Zhu, X. , Asimakopoulos, S, & Kim, J. 2020. Financial development and innovation-led growth: Is too much finance better? [J]. Journal of International Money and Finance (100): 102083.

后 记
POSTSCRIPT

本书是在我博士毕业论文的基础上修改完成的。

读博之前我已经是一名教师，我为什么会选择继续做回学生呢？我现在回想，可能是因为每天重复着一样的工作，我的生活就像一潭湖水：平淡、安全。就在突然的某一天，我想着要做出改变，找回那个有激情、有追求的自己。于是，2017年8月，我背起行囊，远赴国外，开始了求学生涯。非常庆幸，那段求学经历成为了我最棒的经历之一。

在留学期间，何其有幸，我遇到了林炳华教授。作为我的论文导师，他用自己广博的学术思想引导我，用深厚的专业知识教导我，用严谨的治学态度感染我，鼓励我找到自己的研究兴趣，并持之以恒地进行下去。在论文写作过程中，浩瀚的知识宇宙，让我感到迷茫，幸而有林教授毫无保留的指导。从论文选题，模型建立，研究方法，再到论文布局，落笔行文，林教授都认真地提出建议和指导。如果说我通过读博而获得了成长，那每一步提高都凝聚着林教授的付出。

三年的学习生涯中，很多教授都给予了我莫大帮助。感谢郑阳文教授，他的组织行为学讲授非常有趣，引人入胜；感谢尹教授，杨教授，李坦教授，他们的课程开拓了我的专业面。感谢我的同学和朋友们：李欣、董雪童、魏佳、孙一力、刘聪、郭昱含、尹秀静等在学习和生活上给予我的帮助。国外的留学生活因为有了他们变得更加丰富多彩。

最后，我要感谢我的家人，尤其是我的丈夫刘春华先生，无论何时何地，他总是无条件地支持我，爱护我。正是他的鼓励，我才能坚定信心，义无反顾地追求梦想；正是他的担当，我才能摆脱家务，享受纯粹的学生生活。我要感谢我的父母，他们含辛茹苦养育我们姐妹三人，给我们最好的教育，让我们成为积极生活并对社会有用的人。感谢公婆，在我读博期间，他们替我照顾家庭，让我没有后顾之忧。我还要感谢我的两个女儿，大女儿在我离家读博之时，她才4岁，每天只能通过视频见面，她小小年纪却独立懂事，聪明好学，我为她感到骄傲，希望她永远健康快乐。2022年9月，我的二女儿出生，她的咿呀学语、蹒跚学步，为艰辛的著书过程添了许多欢乐。

最后，再次感谢曾经给予我支持和帮助的各位学术前辈以及领导同事，感谢潍坊科技学院为青年教师提供的良好科研平台。我会继续努力，不断提高自己的科研水平，在追求学术的道路上求索前进！

图书在版编目（CIP）数据

外部融资依赖对企业创新的影响研究 / 孙翠萍著.
北京：中国农业出版社，2024. 8. -- ISBN 978-7-109
-32231-8

Ⅰ. F273.1

中国国家版本馆 CIP 数据核字第 2024D45Z22 号

外部融资依赖对企业创新的影响研究

WAIBU RONGZI YILAI DUI QIYE CHUANGXIN DE YINGXIANG YANJIU

中国农业出版社出版

地址：北京市朝阳区麦子店街 18 号楼
邮编：100125
责任编辑：赵　刚
版式设计：王　晨　　责任校对：张雯婷
印刷：北京中兴印刷有限公司
版次：2024 年 8 月第 1 版
印次：2024 年 8 月北京第 1 次印刷
发行：新华书店北京发行所
开本：720mm×960mm　1/16
印张：13.5
字数：207 千字
定价：78.00 元